AF269706

Pausa

No eres una lista de tareas pendientes

Robert Poynton

Para mis padres

© Ediciones Koan, s.l., 2020
c/ Mar Tirrena, 5, 08912 Badalona
www.koanlibros.com • info@koanlibros.com

Título original: Do Pause
© The Do Book Company 2019
Works in Progress Publishing Ltd

Texto © Robert Poynton 2019
Fotografía © Jim Marsden 2019
Traducción © Eva Dallo 2020

ISBN: 978-84-18223-03-7 • Depósito legal: B-10512-2020
Diseño de cubierta: James Victore
Diseño del libro: Ratiotype
Maquetación: Cuqui Puig
Impresión y encuadernación: Liberdúplex
Impreso en España / *Printed in Spain*

1.ª edición, junio de 2020

Contenido

1. ¿Por qué hacer una pausa? 7

2. ¿Qué hay en una pausa? 23

3. Hábitos 41

4. Diseña 59

5. Cultura 79

6. Herramientas 97

7. Tiempo para hacer una pausa 111

Epílogo 125

Recursos 133

Sobre el autor 135

Agradecimientos 136

Índice analítico 140

1
¿Por qué hacer
una pausa?

Era una cálida noche de domingo a mediados de septiembre. Yo estaba sentado en la terraza, contemplando la Sierra de Gredos y disfrutando de la cena y de un vaso (o dos) de vino tinto con mi buen amigo Chris Riley. Habíamos pasado el fin de semana al otro lado de las montañas, recluidos en una casa antigua de Ávila con ocho personas más y docenas de libros, leyendo y hablando de lo que habíamos leído.

«Podría hacer esto cada año», dijo Chris. Y así fue.

Yo vivo en el centro de España y Chris en Oregón, lo cual no es muy práctico. Pero aun así, cada año recorre más de ocho mil kilómetros para pasar un par de días haciendo muy poco. Así mismo otros viajan distancias considerables. ¿De qué trata todo esto? Trata del poder de una pausa.

Ese domingo por la noche, mientras estábamos sentados conversando, Chris se mostró profundamente consciente de lo mucho que esa pausa le había aportado y cuánto la había necesitado. De ahí su comentario. Sentía que le había afectado a muchos niveles: física, mental y emocionalmente. Incluso su aspecto era diferente. El cambio de actividad y ritmo le había permitido darse cuenta de lo que sucedía en su interior y prestarle atención. Descubrió que era capaz de volver a conectar consigo mismo, así como de establecer nuevas conexiones con otros. Su percepción de lo que era importante cambió. Fue un momento de reajuste, de regeneración, de nuevas ideas y perspectivas. Hizo que su pensamiento fuera más profundo. El tiempo en sí pareció ralentizarse (o abrirse) y le venían a la cabeza, sin proponérselo siquiera, «ideas para solucionar problemas que ni sabía que tenía». Lo que parecía un tiempo de descanso le permitió llevar a cabo otro tipo de trabajo.

Chris se dio cuenta de que se trataba de una necesidad permanente, no de algo puntual. No se trataba de que quisiera volver a hacerlo otra vez, quería hacerlo cada año. Su comentario supuso un punto de inflexión y el Fin de Semana de Lectura se convirtió en un evento fijo en el calendario; un momento crucial que da forma a todo un año. Para Chris representa la oportunidad de analizar su propio pensamiento desde una nueva perspectiva y a la luz de nuevos estímulos; la oportunidad de dar a sus ideas espacio para respirar. Va precedido de expectación y le sucede un periodo de síntesis. Puede que solo sea un fin de semana, pero sus efectos son importantes.

Aun así, me costó años y varias invitaciones a eventos similares conseguir que Chris viniera. La idea de detenerse puede resultar atractiva y dar miedo al mismo tiempo. Incluso una vez aquí, no le resultó fácil permitirse este corto periodo de tiempo no dirigido. «He pasado las primeras veinticuatro horas observando cómo subían mis niveles de ansiedad porque no estaba trabajando en nada», contaba. No es raro. Las presiones y los hábitos diarios del trabajo y de la vida pueden hacer que nos cueste parar un par de días o incluso unos segundos.

Una pausa puede ser tan leve que resulte fácil de olvidar, ignorar o saltársela. El entusiasmo con el que seguimos siempre adelante hace que hagamos a un lado los espacios para tomar conciencia, apreciar o reflexionar. Es algo en lo que todos caemos. A menudo me descubro a mí mismo rellenando los pequeños huecos y espacios del día con llamadas o *emails*. Pero la idea de «no perder nunca el tiempo» tiene un precio. No hace mucho, cuando mi hermana y su marido vinieron a visitarme, les llevé de excursión por la montaña. Me fijé en que se paraban bastante. O, para ser más exactos, en que yo había dejado de pararme. Camino solo a menudo, así que hacerlo en compañía me hizo ser consciente de que, con el paso del tiempo, me concentraba casi únicamente en alcanzar la cima, orgulloso de lo rápido que podía llegar a hacerlo. La caminata se había convertido en un objetivo que cumplir más que en una experiencia para disfrutar. Sin embargo, ¿para qué molestarse en caminar por la montaña si uno nunca se para a interiorizarlo? No apreciaba el sentido ni la vista.

¿Cuán a menudo hacemos cosas así? Es fácil que nuestros hijos, por ejemplo, se conviertan en un torrente de tareas sin fin: alimentarlos, vestirlos, llevarlos al colegio o a fútbol o a clases de danza, hacer los deberes, el cuento antes de dormir, etcétera. Inmersos en todo ello, ¿nos tomamos el tiempo para estar realmente con ellos, para disfrutar de ellos? ¿Les damos la oportunidad de ser niños o estamos tan obcecados en que consigan logro tras logro que acaban perdiéndose las «vistas» por el camino? En general, no prestamos mucha atención ni damos importancia a los espacios entre todas estas tareas. Creo que deberíamos hacerlo. En la vida, como en el arte, hay que dar un paso atrás para verlo. El «espacio negativo», el que rodea o queda entre objetos o eventos, da forma al todo.

Es fácil no darse cuenta. En nuestras vidas el espacio está siempre bajo presión. Poderosas fuerzas se alían para exprimirlo. La primera de ellas es la tecnología. Las máquinas trabajan bien a velocidad constante y, cuanto más rápido, mejor. Están diseñadas y han sido fabricadas para ello. Sea hilando algodón o realizando cálculos, su punto fuerte son las acciones constantes y repetitivas y nuestro mundo está diseñado cada vez más por las máquinas y para las máquinas. Pero lo que funciona bien para las máquinas no funciona bien para las personas.

El lenguaje y las imágenes que utilizamos para describir nuestra relación con la tecnología son reveladores. Hablamos de «ahogarnos», de sentirnos «paralizados» o de tener que «desintoxicarnos». Como dice el escritor Pico Iyer: «Lo único que no nos puede dar la tecnología es el conocimiento para hacer el mejor uso posible de la tecnología». Pero, a pesar de ello, la tecnología digital se entromete cada vez más en nuestra intimidad. Puede que tengamos los teléfonos en la palma de nuestra mano, pero son ellos los que nos tienen bien agarrados.

Nos estamos adaptando a las máquinas y nos regimos por sus mismos patrones: se juzga a las personas por lo rápido que responden, no por la calidad de sus respuestas. Nuestro lenguaje y nuestras normas evolucionan como reflejo de todo ello. «Estar siempre disponible» se convierte en algo de lo que alardear o a lo que aspirar. Estas ideas están infiltrándose en nuestra cultura. Conforme aumenta el número de personas que vivimos en ciudades con poca o ninguna conexión con la naturaleza, antiguas prácticas culturales más en armonía con las estaciones y las mareas pierden importancia o desaparecen. Enterradas bajo el insensato e incesante golpeteo de una máquina.

El «estar ocupado» está muy bien visto. Hemos creado una floreciente industria de «productividad personal» y gestión del tiempo que también debe mucho a las máquinas y que premia la eficiencia por encima de todo lo demás.

La idea de que velocidad es igual a productividad está tan extendida y es tan predominante que casi no somos conscientes de ello. Por eso asociamos la pausa con retraso y procrastinación, no con reflexión o sabiduría.

Las fuerzas gemelas de la tecnología y la cultura recurren a y se alimentan de una tercera influencia, profundamente arraigada en nuestra mente. Trabajar demasiado, o el trabajo constante, puede ser una vía de escape de nosotros mismos. Tapa ese profundo pozo de ansiedad que nos genera lo que podría pasar si paramos. Lo que podríamos descubrir nos asusta. Si no estamos tachando cosas de nuestra lista de tareas pendientes, ¿quiénes somos?

En respuesta a esa ansiedad, para intentar mantener la calma, seguimos hacia delante. La confluencia de estas tres fuerzas nos mantiene en constante avance, incluso a un alto coste personal. Juntas provocan un bucle miope que dificulta ver otras opciones. Nos convencemos a nosotros mismos de que somos indispensables y existimos en un estado de «continua atención parcial» donde se nos interrumpe constantemente, pero nunca hacemos una pausa de manera consciente. Hacer una pausa se convierte en tabú.

En los últimos años, la creciente velocidad de la vida ha dado lugar al nacimiento del movimiento *slow*, una respuesta natural y saludable. Hay mucho en ello que disfruto y aplaudo. Con frecuencia acudo a las comidas de nuestra rama local de la Slow Food Society (Sociedad de la Comida Slow). En la España rural en donde vivo, el ritmo de la vida es lento si lo comparamos con el de cualquier ciudad y es parte de lo que me gusta de ella. Sin embargo, sería simplista creer que la solución a esta aceleración es poner el freno de mano.

Como dicen en Silicon Valley: «Hoy es el día más lento del resto de tu vida». Pero, aun así, la sensación de tener que luchar para mantener el ritmo no es en absoluto un fenómeno nuevo. Mientras que la velocidad objetiva de la comunicación o los viajes ha aumentado drásticamente, la respuesta subjetiva de las personas se parece mucho en cualquier momento de la historia. Por eso, en 1908 el escritor francés Octave Mirbeau dijo: «En todas partes la vida se precipita alocada cual caballería a la carga». Treinta años antes, en 1880, Nietzsche se quejaba ya de la creciente cultura «de una prisa indecente y sudorosa». Pero incluso Nietzsche llegaba tarde a la partida. Cincuenta y cinco años antes, en una carta a un amigo, Goethe decía que «los jóvenes son arrastrados por el torbellino del tiempo; riqueza y velocidad es lo que todo el mundo admira y a lo que todo el mundo aspira hoy en día». Podría haberlo escrito hoy.

Nos sentimos prisioneros de la forma en que vivimos en el tiempo. Independientemente de lo rápidas que sean las cosas en realidad, parece que la gente siempre siente que son demasiado rápidas. Esto dice mucho tanto de nosotros como del mundo a nuestro alrededor. Nuestra sensación del tiempo se parece mucho a la del gusto. El psicólogo sensorial Charles Spence dice que «el gusto está en la boca, no en la comida». El rosado que pruebas en un *chateau* de la Provenza mientras observas la puesta de sol sobre los campos de lavanda sabe genial. Cuando lo tomas en casa, no. En ambos casos estás en lo correcto. El *chateau* y la puesta de sol te influyen (y a tu paladar) de manera que realmente sabe diferente. Algo parecido nos pasa con la velocidad. Nuestras expectativas, cómo nos preparamos, lo que sentimos, nos predisponen para experimentar el ritmo y el tiempo de una manera u otra. El tiempo no está en el reloj, está en nosotros.

El deseo de ir más despacio es comprensible y acertado, pero es de uso práctico limitado, por varias razones. Primero, es una quimera. La tecnología se acelera de manera exponencial, así que el ritmo de los acontecimientos no se ralentizará. La tecnología continuará acelerándose y arrastrándonos con ella tal y como lo ha hecho durante al menos un par de siglos. Si ralentizar las cosas se convierte para ti en un objetivo, estás destinado a fracasar. También crea tensión entre cómo nos gustaría que fueran las cosas y cómo son realmente. Y este es precisamente el tipo de tensión que lleva al estrés.

Segundo, dado que la velocidad siempre es relativa, no queda demasiado claro qué significa ser lento. ¿Cómo de lento es lento? ¿La lentitud de hoy o la de mañana? ¿Mi lentitud o la tuya? ¿Cuál es el patrón o el punto de referencia? ¿Más lento es siempre mejor? En caso afirmativo, ¿cuánto deberíamos ralentizar? En caso negativo, ¿cómo sabemos cuándo ralentizar y cuándo no? ¿Cómo sabemos cuándo lento es demasiado lento? Abogar por ir en una sola dirección, hacia la lentitud, no es muy práctico. Ignora la importancia del contexto y del contrapunto.

Más aún, si la sensación de velocidad está en ti, entonces lo importante es cómo sientes y percibes la velocidad y el tiempo. Dado que no se puede cambiar el ritmo de los acontecimientos, tiene más sentido trabajar en cómo reaccionar ante ellos. Es más inteligente preguntarse cómo reaccionar de manera creativa a la aceleración que obcecarse y resistirse a ella.

La idea de un «equilibrio entre vida y trabajo» tampoco ayuda. Plantea trabajo y vida como opuestos, peleándose por su parcela de tiempo. La importancia que damos al trabajo hace que sea una batalla desigual y, por lo general, eso que llamamos «vida» queda comprimido. Pero aquí se da un problema aún más importante. La radical diferenciación entre trabajo y vida tergiversa ambos. Por un lado, cualquier trabajo que merece la pena realizar tiene algo de vida o de vivacidad en él —no hay suficiente tiempo libre para compensar un trabajo «mortífero»—. Por otro, hay muchas cosas en las que trabajar fuera de la oficina, en el espacio íntimo de nuestras propias vidas. Las relaciones personales serían uno de ejemplos más evidentes de ello.

Rápido frente a lento y trabajo frente a vida son, de hecho, falsas alternativas. Al enfrentarlos, se nos escapa que hay otras posibilidades menos antagónicas. No prestamos atención al valor de la variación y la modulación. Que es donde florece la pausa. La pausa es parte del trabajo y de la vida. No es rápida ni lenta. No existe en un solo punto del espectro de la velocidad, sino en todo él. Independientemente de lo que estemos haciendo o la velocidad a la que nos movamos, siempre existe la posibilidad de hacer una pausa.

Helene Simonsen es intérprete de música clásica. Su instrumento es la flauta, con lo cual en todo lo que toca tiene que haber una pausa para que pueda respirar. Para ella, respirar es parte de la música. Algunos compositores señalan dónde hacer esa pausa y respirar, pero con otros (en concreto Bach, comenta) es uno mismo quien ha de encontrar o crear el espacio para hacer esa pausa. Porque la pausa es indispensable para el músico y para la música. Como dice Helene: «no importa lo que estés haciendo, si quieres que pase otra cosa, tienes que hacer una pausa».

Sin una pausa, todo continúa igual. Incluso algo tan mecánico como cambiar de marcha en el coche es más fácil si hacemos la más pequeña de las pausas en el punto muerto, entre marchas. Hacer pausas es parte de vivir y respirar. De hecho, entre inspiración y espiración también hay una pausa. El propósito de parar un momento no es solo descansar, por muy importante que sea. Tal y como dice Helene, permite que suceda algo más: «Muchas veces mi interpretación se desarrolla a través de las pausas». En una pausa podemos cuestionar maneras de actuar ya existentes, se nos pueden ocurrir nuevas ideas o podemos simplemente apreciar la vida que tenemos. Sin parar un momento a observarnos a nosotros mismos, ¿cómo podemos analizar qué otras cosas podríamos hacer o en quién nos podríamos convertir? Si avanzamos siempre sin descanso, ¿dónde queda el espacio para el corazón?

Desde el punto de vista celular, una vida sin pausas no es saludable. Influye profundamente en cómo nos sentimos. Si no nos paramos a pensar, la vida nos obligará a parar y hacerlo. Llevado al extremo, el precio a pagar es el *burnout*. La imagen es chocante: consumido por el fuego. Hoy en día el *burnout* es cada vez más común, sobre todo entre aquellas personas que consideramos y etiquetamos como «triunfadoras», lo cual, sin duda, debería llevarnos a hacer una pausa y pensar.

Ese no es el único riesgo. «Quemarse» es devastador, pero al menos es lo suficientemente dramático como para merecer atención. Obliga a hacer una revaluación. El *burnout* puede considerarse como «una reacción sana ante un mundo enfermo», una respuesta generada por algún tipo de sabiduría oculta en nuestro interior reivindicándose de forma llamativa.

Menos extremo pero más insidioso es cuando uno arde de forma lenta y sofocada. Al empeñarnos en pasar constantemente de una tarea a otra podemos acabar convertidos en listas de «tareas pendientes». Poco a poco aprendemos a vivir con menos de nosotros mismos. Es la muerte causada por miles de reuniones. Lo que podríamos ser se convierte en un sueño olvidado.

Además del coste en salud y cordura, está también todo lo que nos perdemos por el camino. Si no nos detenemos, nos perdemos las vistas o el camino que no tomamos. ¿Cómo es más probable que tus hijos te hablen? ¿Si les haces preguntas o si les dejas su espacio? Sin pausa (ni silencio) en una reunión, uno puede acabar con los puntos de la agenda en un momento, pero no podrá abordar los problemas subyacentes.

¿Qué otro tipo de conversaciones más creativas y potentes surgirían si dejaras entrar un poco de luz en el proceso? ¿Qué preguntas más profundas aflorarían? ¿Qué otras voces escucharías? Yendo a toda velocidad, ¿realmente se piensa o solo se reacciona? ¿Realmente el acaparar más es la manera de hacer mejor nuestro trabajo o de aprovechar la vida al máximo?

Hacer una pausa para pensar en lo que hacemos es importante también a nivel moral. Si nunca nos paramos a preguntarnos qué estamos haciendo, ¿cómo sabremos que es algo bueno? Puede que para los asesores fiscales continuar desarrollando productos y servicios para satisfacer las necesidades de sus clientes (ayudándolos, por ejemplo, a pagar menos) sea algo racional y eficiente, igual que lo es para las redes sociales atraer aún más ojos, pero si nunca se paran a considerar las implicaciones de lo que hacen a un nivel más general, no debería sorprendernos que acaben transitando por un territorio moralmente dudoso.

El tipo de trabajo que hacemos y la naturaleza de los problemas a los que nos enfrentamos requieren de más pausas, no de menos. Como dice el periodista Carl Honoré: «Muchos trabajos modernos dependen del tipo de pensamiento creativo que raramente surge en un escritorio y que no se puede acotar a un horario fijo». Un argumento parecido aplica a escala global.

En Oxford, Ian Goldin, profesor de Globalización y Desarrollo, defiende que tenemos que dar un paso atrás y contemplar el complejo mundo en el que vivimos si queremos entender cómo actuar en él. La opinión del columnista Tom Friedman es similar: «Optar por hacer una pausa y reflexionar en lugar de ceder al pánico y abandonar es una necesidad, no un lujo o una distracción». La pausa es por ello una presencia activa; no tanto una ausencia de pensamiento o de acción como una parte fundamental de ello.

El tiempo, dicen, es un bien escaso. Y bajo esta idea subyace la macabra e inevitable certeza de que, un día, todos moriremos. Ante esto, una reacción habitual es intentar abarcar todo lo que podamos mientras estemos aquí. Es algo comprensible y a menudo inconsciente. Se da de manera particularmente fuerte en el Occidente moderno e industrializado, donde el sentimiento de escasez de tiempo, junto con la ética de trabajo protestante, contribuye a la popularidad de los consejos de vida y productividad.

Pero la vida consiste en algo más que en hacer cosas. El tiempo para nada es una mercancía, ni es escaso, ni nada de eso; no es una materia prima uniforme e indivisible (incluso para un físico, el tiempo consiste en algo más, como veremos más adelante). Nuestra vivencia del tiempo es tremendamente diferente en función de lo que estemos haciendo. Un minuto esperando el autobús no es lo mismo que un minuto haciendo flexiones o un minuto saboreando un helado. Un año en el trabajo no se puede comparar con un año viajando. Puede que dispongamos de una cantidad limitada de tiempo en esta vida, tal y como lo mide un reloj; pero tú no eres un reloj.

Te quiero invitar a desprenderte de la idea de que el tiempo es lineal, uniforme y objetivo y a pensar en él tal y como lo vivimos, elástico, variable y estratificado. No me interesa tanto cómo podemos abarcar más en la vida, sino cómo podemos obtener más. Puede que para hacerlo sean necesarias todo tipo de estrategias, pero de algo estoy seguro: hay que ser capaz de parar.

Una pausa es una apertura.
Funciona como puerta
a otras alternativas y
posibilidades, aportando
una mayor dimensión
a nuestras vivencias

2
¿Qué hay en una pausa?

Una pausa es algo curioso. Parece muy simple y resulta familiar, pero, si nos fijamos en ella un momento, nos damos cuenta de que las apariencias engañan. Si te pregunto, por ejemplo, cuánto dura una pausa, ¿qué dirías? Puede parecer una pregunta fácil, pero ¿podrías dar una respuesta sencilla con algún grado de precisión o convicción? ¿Sería tu respuesta igual que la mía? ¿Cambiaría más adelante? Aunque sabemos reconocer una pausa cuando la vemos, no estamos tan seguros de cuánto puede llegar a durar. No es una unidad de tiempo definida, uniforme ni fija.

Esta cuestión demuestra asimismo que los efectos de una pausa pueden ser muy diferentes. Al invitarte a reflexionar sobre algo (por ejemplo, sobre la pausa), he conseguido que pusieras tu atención en ello. Lo que te ha permitido examinar una idea conocida (en este caso, «la pausa» en sí misma) y, tal vez, tu perspectiva haya cambiado. De modo que una pausa no consiste únicamente en tomarse un descanso, sino que puede consistir en una variedad de cosas.

Hay diferentes tipos de pausas con diferentes utilidades y beneficios. Existen pausas dramáticas o significativas. Uno puede hacer una pausa efectista o para pensar. Una pausa puede ser planificada o espontánea, momentánea o duradera. Una pausa te puede ayudar a prepararte para algo que va a suceder o a comprender algo que ya ha sucedido. La pausa es importante para la creatividad, la comunicación y las relaciones sociales. También es importante para el propio bienestar y la propia salud mental. Podemos hacer una pausa para organizarnos, para enfatizar algo, para conectar con los otros, para cambiar de perspectiva, para emitir un juicio, etc. La lista es larga. Una oferta así de amplia nos da la oportunidad de convertirnos en unos expertos en pausas. Esa naturaleza polifacética es lo que hace que valga la pena explorar la pausa. Es un fenómeno con matices, rico y de muchas dimensiones. Por vacía que parezca, en una pausa hay muchas cosas.

El objetivo de este capítulo es explorar esa compleja naturaleza. Lejos de definirla, lo cual puede reducir o limitar nuestra comprensión, quiero abundar en ella. Desmenuzar el concepto de pausa, desempaquetarlo y celebrar sus riquezas y su carácter sutil.

Aunque me he referido a la pausa como una «cosa curiosa», esto no es sino una trampa del lenguaje. Una pausa no es para nada una cosa. Es una apertura que propicia, permite o invita a muchos otros tipos de posibilidades. Estos son verbos muy amables y generosos: *propiciar*, *permitir*, *invitar*. La pausa no pide, ordena ni controla. Permite que suceda algo que, de otra manera, no ocurriría y nunca sabes realmente qué será.

Entonces, ¿qué es una pausa? Está claro que tiene algo que ver con el tiempo. Sin embargo, como hemos visto, incluso una cuestión aparentemente sencilla como «¿Qué longitud tiene una pausa?» es difícil de responder. Dependiendo del contexto, una pausa podría perfectamente durar tres segundos, diez o treinta; pero las pausas también pueden ocurrir a escalas completamente diferentes. Se puede hacer una pausa de un momento en una conversación o reunión: apenas unos segundos en silencio que expresan mucho. O aparcar algo durante una o dos horas para dar un paseo. Se puede parar unos días al año, como el retiro de lectura; o todo un año, estilo sabático. Una pausa puede existir por unos segundos, minutos, horas, días, años o más. Aunque muy diferentes en duración, a todas ellas las identificamos confiadamente como pausas.

Una pausa interrumpe algo, pero no se acaba ahí. Los efectos de una pausa van más allá de la duración de la pausa en sí; sus límites no están claramente definidos. El artista Tom Hiscocks describe la pausa como un plato marinado que deja un «sabor» que se puede apreciar después. Para él, pausar con frecuencia «se convierte en un recurso del que echar mano... Sabes que está ahí y que puedes volver a ella en cualquier momento, incluso en medio de la actividad». Por ello, una pausa puede continuar alimentándonos incluso cuando ya la hemos dejado atrás. De modo parecido, cuando nos espera una pausa planificada, esta puede actuar como un «punto de apoyo futuro». Saber que va a llegar nos ayuda a aguantar el tipo durante periodos frenéticos. Los efectos de la pausa pueden comenzar pronto y durar mucho.

Una pausa es algo en lo que te sumerges, aunque sea solo un momento. Es diferente de la alerta sonora de un *email* o de cuando alguien interrumpe impaciente en medio de una frase. Viene de dentro, no de fuera, y a menudo es una elección o algo consciente.

¿Hacer una pausa consiste en ralentizar? A veces sí, pero no siempre. Como dice el dicho, «vísteme despacio que tengo prisa». Esto sugiere que una acción apresurada —como, por ejemplo, sin pausa alguna— puede acabar siendo más lenta. Lo veo en mi trabajo con el teatro de improvisación. La mayoría de las personas presuponen que el teatro de improvisación consiste en pensar rápido, pero, de hecho, son los novatos los que se apresuran; los improvisadores experimentados saben cómo parar. Aunque puede resultar imperceptible para el público, las pausas son necesarias para hacer que la historia fluya y permiten a los actores darse espacio los unos a los otros y trabajar juntos de manera eficiente. Por ello, contrariamente a lo que cabría pensar, ser capaz de hacer una pausa puede hacer que las cosas fluyan de manera más rápida.

Lo comprobamos también fuera del escenario. Un líder que sabe cuándo parar puede hacer que la gente se sienta más segura y tranquila incluso en medio del caos; la pausa tiene presencia. La pericia de los jugadores «ultrarrápidos» (como los mejores tenistas o jugadores de críquet) reside en saber parar durante una ínfima fracción de segundo conforme se acerca la pelota. Saber cómo y cuándo detenerse es esencial para elegir el momento adecuado.

La relación de la pausa con el tiempo es compleja y cambiante. Funciona fuera de las dimensiones fijas y delimitadas del reloj. No es necesariamente lenta, pero tampoco siempre rápida. Una pausa puede ser útil independientemente de la velocidad a la que uno vaya; tiene más que ver con el ritmo que con la velocidad y es más una cuestión de momento que de tiempo. Su naturaleza impregna un periodo de tiempo y no una unidad de este. Hacer una pausa nos permite desarrollar diferentes estrategias para usar el tiempo; una buena alternativa a la prisa constante.

Una pausa no es la nada. Algo sucede en una pausa o a resultas de ella. Por eso, hacer una pausa es diferente a pararse. El improvisador Gary Hirsch lo describe como la «manera de parar que hace posible otra forma de pensar». El realizador de cine David Keating habla de la pausa como un «feliz vacío». A nivel material, que no suceda nada es básicamente imposible incluso en una pausa. Tal y como subraya la profesora de yoga y coreógrafa Kay Scorah, para permanecer de pie muy quieto es necesario moverse constantemente haciendo pequeños ajustes a la postura y posición. Contemplar tal «inmovilidad» resulta cautivador y los artistas callejeros que posan como estatuas en ciudades de todo el mundo son muestra de ello. Si se observan de cerca se percibe que siempre está sucediendo algo. Al hacer una pausa uno continúa pensando, respirando, metabolizando.

Ni siquiera en la meditación existe la nada. La instructora de meditación Rachel Lebus considera que su objetivo no es detener o vaciar la mente; la meditación no es un instrumento de control. Las imágenes y los pensamientos surgen inevitablemente y la meditación consiste en dejar que se marchen, no en no tenerlos. En meditación puede que la mente esté en otro estado, pero no está completamente vacía ni quieta. La nada no existe.

La obra más conocida y controvertida del compositor John Cage se llama *4'33''*. En esta pieza se le pide al artista o a los artistas que no toquen (durante cuatro minutos y treinta y tres segundos). Lo que Cage quiere demostrar es que nunca hay silencio absoluto, que «todo lo que hacemos es música». En la misma línea, una pausa no es una ausencia, sino la oportunidad de estar presentes en algo que de otra manera pasaríamos por alto o ignoraríamos, de la misma forma que en *4'33"* emerge la «música» del ruido de fondo que siempre nos rodea. Una pausa es, más que la nada, un cambio de atención y actividad, de una cosa a otra. Es un «no hacer para hacer otra cosa», dice la actriz y cantante Phyllida Hancock. Puede que nos abstraigamos de las cosas habituales, pero, al hacerlo, prestamos atención a otras.

Existe en todo ello un enigma que apunta, de nuevo, a la diferencia entre las personas y las máquinas. El escritor y columnista Dov Seidman lo resume con belleza: «Cuando aprietas del botón de pausa en una máquina, se para. Pero cuando aprietas el botón de pausa en el ser humano, se pone en marcha».

Creatividad

La pausa contribuye de manera importante a la creatividad porque nunca sabemos qué desencadenará. En los procesos creativos hay patrones. Uno de los que detectan las personas que estudian la creatividad es que siempre hay discontinuidad, un hueco o un retraso. En pocas palabras, una pausa.

En *Las buenas ideas: Una historia natural de la innovación*, por ejemplo, Steven Johnson habla de «corazonadas lentas». Defiende que las nuevas ideas son «criaturas frágiles que se pierden bajo las necesidades más acuciantes del día a día». Las corazonadas lentas no se desarrollan trabajando sin descanso para solucionar un problema. Son más «cuestión de cultivar que de sudar» y, como una cosecha, necesitan periodos de barbecho. Es un proceso vivo, no mecánico.

En *Cómo generar ideas*, el director creativo Jack Foster es explícito a este respecto. «Olvídate de ello» es uno de los estadios en su proceso de generación de ideas. Cita a su colega del sector de la publicidad James Webb Young en su ya clásico libro de 1934, *Técnica para producir ideas*, así como al filósofo Helmholtz y varios investigadores académicos más. Todos ellos incluyen un estadio de desconexión de la tarea entre manos. Pueden llamarlo «digestión mental» o «incubación», lo cierto es que el proceso creativo, se mire como se mire, tiene algún tipo de pausa integrado en él. A la innovación no se llega directamente.

El «momento Eureka» a menudo tiene lugar durante una pausa. Hoy en día parece que las ideas se nos ocurren cada vez más en la ducha en lugar de en la bañera, aunque puede que sea un simple reflejo de nuestros nuevos hábitos de higiene. Los «momentos Eureka» son madera para buenas historias, y por ello la inspiración súbita generalmente se lleva toda la atención. Sin embargo, sin la significativa pausa que los engendró, esos momentos no existirían.

Este patrón no se da únicamente en actos de creación conscientes. Una pausa genera oportunidades de todo tipo. Pensemos en los viajes, por ejemplo. Lo que parece un tiempo muerto a menudo propicia las experiencias más emocionantes. Es lo que me pasó en Uyuni, una ciudad azotada por el viento en Bolivia. Llegué a primera hora del día y estaba dando vueltas, pues me daba pereza buscar un hotel, cuando me topé con Jacques, un francés que había conocido en el autobús. «En quince minutos sale un camión a las salinas —dijo—. Por seis dólares nos lleva a Chile. ¿Quieres venir?» Si hubiera encontrado un hotel en lugar de dedicarme a deambular sin rumbo, me hubiera perdido todo lo que siguió: las salinas, contemplar las estrellas desde casi 4.000 metros de altitud, beber destilados con la policía de fronteras chilena, los ciclistas británicos que aparecieron como una alucinación en el desierto, el baño en las aguas termales con un cóndor sobrevolando mi cabeza y todo lo demás. Sin pausa, no hubiera existido esa posibilidad.

Uyuni no fue un hecho aislado. Mi vida ha estado marcada por momentos fortuitos que surgieron en un «intermedio». Conocí a mi mujer en Madrid un día en el que una huelga de metro había paralizado la ciudad. El tiempo que pasé en Portland, Oregón, sin ningún motivo en particular, me llevó a fundar mi propio negocio. Casualidades «así de radicales» no ocurren si vas cabizbajo, apresurándote para llegar a destino o enterrado hasta las cejas en los pequeños detalles del día a día. Puede que las oportunidades sigan estando ahí, pero seguramente no las ves ni las percibes y, si lo haces, es probable que las descartes por imposibles mientras vas a toda velocidad por el camino que has planificado. Como dice mi amigo Jorge Álvarez: «Las autopistas siempre llevan a destinos conocidos».

El poder del silencio

Tus pausas tienen un impacto en las personas que te rodean, así que, además de influir en tu capacidad creativa, lo hacen también en tus relaciones. En mi trabajo como facilitador he aprendido a valorar el silencio. Es una forma de pausa muy simple y de tremendas consecuencias. Igual que la «naturaleza aborrece el vacío», las personas tienden a sentirse incómodas con el silencio, así que, tarde o temprano, lo rompen. Esto proporciona algo con lo que trabajar. No sabes qué te darán, pero, si les das el espacio para ello, siempre te devolverán algo. Lo mismo ocurre cuando se solicitan voluntarios para juegos de improvisación. A menudo me preguntan: «¿Qué haces cuando no se ofrece nadie?». Lo cierto es que no lo sé. En veinte años nunca me ha ocurrido. Si no te importa esperar, alguien acaba levantándose.

Lo que me deleita de este tipo de pausa es que lo único que se necesita es el coraje para mantener ese espacio abierto. Una de mis preguntas favoritas en talleres de facilitación (o *coaching*) es: «¿Entonces...?». No es exactamente una pregunta, pero la pausa la convierte en una y, además, bien abierta. Es una pregunta que admite casi cualquier respuesta y es perfecta para descubrir de qué quieren hablar realmente las personas o cuando no sabes qué hacer. Se ha de ser amable y paciente (el tono es importante) y, si lo eres, siempre acabas aprendiendo algo. Probablemente no sirva de mucho a un abogado ante un tribunal ni a nadie con una agenda apretada, pero si buscas conocer a las personas con las que trabajas o que te aporten ideas, su valor es incalculable. La pausa hace el trabajo por ti. Simplemente has de estar dispuesto a sostenerla.

Cuestión de buscar el momento

La pausa también marca los ritmos del discurso, ritmos que son «tan distintivos como la huella digital» (Peter Brook, *El espacio vacío*). Los artistas lo saben; la gente del mundo de los negocios, normalmente no. Phyllida Hancock dice: «Como artista, el tiempo, o elegir el momento, es el material con el que trabajas. Nos podemos hablar de muchas maneras los unos a los otros y todo se hace con la respiración y la voz». Si hace usted presentaciones, tome nota. El *timing* o saber elegir el momento adecuado es material de trabajo, igual que las diapositivas.

La diferencia en el *timing* puede ser minúscula. Cuando un director de cine hace una pausa tres o cuatro segundos más larga de lo habitual antes de la palabra *acción*, el efecto es tremendo. La atención de los actores y el equipo se refuerza y se intensifica gracias simplemente a esos pocos segundos extra: «Lo que duran una o dos respiraciones». En los talleres que dirige, el poeta David Whyte a veces repite una frase, sobre todo cuando recita poesía. Repite una frase, sobre todo cuando recita poesía. (¿Ves lo que acabo de hacer?) Esto permite al público sintonizar con la escucha e invita a pensar en las palabras que ha repetido con algo más de profundidad.

Durante mi visita a Robben Island, la isla donde Nelson Mandela estuvo encarcelado, mi guía fue Vincent Dida, un hombre que también pasó allí once años prisionero. Conocerlo fue, de lejos, la parte más interesante de la visita, así que cuando llegó el momento de marcharme hice algo raro en mí. «¿Le importaría si me hago una foto con usted?», le pregunté. «Sí», dijo firmemente, en un tono muy serio, y se detuvo. Me pasaron mil cosas por la cabeza. ¿Lo había ofendido? Me sentí cohibido y avergonzado. Qué tonto por mi parte habérselo pedido, pensé, debe de estar harto de que lo traten como una atracción de feria… La pausa, que me pareció interminable, concluyó cuando se echó a reír a carcajadas. «Sí —repitió, y esta vez sonrió—: Sí puede hacerla, por supuesto». Hay una foto de los dos en la que Vincent sonríe y a mí me caen las lágrimas por las mejillas.

Una corta pausa puede tener un gran efecto. Atrae la atención. Crea expectación y suspense. Añade peso. Puede decir algo por sí misma. En una narración puede generar tensión o llevar de una historia o un punto de vista a otro. Por eso algunos autores de teatro (igual que algunos compositores) indican dónde el actor debería hacer una pausa en el texto. Saben que la pausa guiará a la audiencia y cambiará el significado. Por esta razón tenemos los signos de puntuación. Sin ellos, no sabríamos lo que la gente quiere decir. La escritora Lynne Truss explica: «Durante un milenio y medio, el propósito de la puntuación era guiar a los actores, cantantes y lectores en voz alta por los tramos del manuscrito, señalando las pausas, acentuando cuestiones de sentido y sonido». El título mismo de su libro sobre puntuación es muestra de ello: *Eats, Shoots and Leaves* (prueba a quitar la coma).

Cómo pausamos revela algo de quiénes somos. Si uno nunca se para, por ejemplo, ¿qué es lo que eso sugiere? ¿Le da miedo parar? ¿Le aterroriza lo que la gente pueda preguntar? ¿Le preocupa no poder volver a hablar? Algunos políticos y otras personalidades públicas evitan hacer pausas activamente e intentan coger aire en medio de una frase para que no haya un descanso natural al finalizarla que permita una intervención, lo que significa que son capaces de seguir hablando en un desesperado intento de bloquear a otras personas y mantener el control para poder llegar al siguiente punto de su discurso, que ya tenían preparado. (¡Uf!) ¿Qué piensas sobre esto? ¿Confías en ellos? ¿O hace que te resulten simpáticos?

Les McKeown, autor de *Do Lead*, me habló de uno de sus clientes, un CEO que hace, conscientemente, justo lo contrario. Cuando habla con sus empleados, acostumbra a dejarles la última palabra. Al final de una charla o una reunión, en lugar de recalcar su «mensaje», se asegura de dejar un espacio que devuelve a la sala para que alguien más pueda tener esa última palabra. Se trata de un acto de franqueza y generosidad que la gente percibe y aprecia. Una pausa puede ser un regalo.

Según cuenta la historia, Alfred Sloan, el CEO de General Motors en el apogeo de la compañía, utilizaba las pausas con gran efectividad. Sloan era muy consciente de que las personas se mostraban de acuerdo con él por su posición de poder, así que, en una de las reuniones del consejo de dirección, dijo: «Imagino que estamos todos de acuerdo». Todo el mundo asintió. «Entonces sugiero que acabemos la reunión y la retomemos en dos semanas para tener tiempo de generar algún tipo de desacuerdo constructivo.» Sloan era consciente del problema del «Sí, señor» (conocido en la jerga como «asentimiento destructivo»). Y utilizaba una pausa para generar lo contrario: «el disentimiento constructivo».

El percusionista e improvisador Thomas Sandberg detecta algo similar en sus actuaciones. Para él, la pausa es un «ingrediente musical» fundamental, pero también la ve como la oportunidad de «añadir un poco de caos», abriendo así un hueco para que el público pueda aportar algo. Esto provee un *input* creativo similar al «disentimiento constructivo» en las reuniones de Sloan. También genera una conexión entre el artista y su público.

La conexión con el público a menudo se establece a través de una pausa. Al instructor de zen Edward Espe Brown le gusta abrir un espacio al comenzar una charla. Dice: «Supongo que al llegar aquí y conoceros a todos, inmediatamente estáis en mí y yo en vosotros y nos estamos conociendo de forma bastante íntima... Y primero intento escucharos y entender qué os interesa, de manera que lo que diga sea apropiado».

Habiendo oído hablar a Ed muchas veces, me he dado cuenta de que con frecuencia se para o se interrumpe a sí mismo. Sus charlas están repletas de pausas imprevistas, algo que hace que le cojas cariño y que suele ser muy divertido. Le pregunto al respecto. «Oh, sí —dice riéndose—. Es todo un estilo.»

«Unhurried Conversations» es otro estilo completamente diferente (ver Herramientas). Lo inauguraron Johnnie Moore y Antony Quinn, ambos amigos míos y colegas en el terreno de la improvisación, con el objetivo de crear un espacio para un ritmo de interacción diferente. Las conversaciones tenían lugar en un café abierto a todo el mundo y las regían unas cuantas reglas bastante simples.

Johnnie explica que «elegimos un objeto cotidiano, como un azucarero, y la persona que lo sujeta es la que habla. Todos los demás escuchan, así no se interrumpe al orador, y, si este quiere, puede quedarse en silencio hasta que esté listo para hablar. Al acabar, devuelve el objeto a la mesa y es el turno de otra persona. A veces hay largas pausas entre los oradores, otras no».

«Cuando la gente sabe que no se le va a interrumpir, se preocupa menos y se expresa más claramente.» Las personas que participan hablan de la sensación de conexión que se crea, incluso con desconocidos.

Es fascinante cómo una pausa, que parece ser casi nada, afecta tan profundamente las conexiones entre nosotros. Quizás no debería sorprendernos. Sin palabras somos capaces de conectar de otra forma. Esto es importante para los cantantes y los músicos que, con o sin director, hacen uso de lo que podríamos llamar una «pausa para reunir». No pueden empezar sin más, sino que primero necesitan concentrar y conectar su energía y su atención y señalarse los unos a los otros que están a punto de empezar. Si no lo hacen, no estarán juntos. Para comenzar bien, puede que primero necesites hacer una pausa.

La pausa tiene beneficios evidentes sobre el bienestar y la salud mental. La idea viene de lejos; sabemos que una vida «siempre trabajando y sin juego» es aburrida. Pero, tal y como vimos en el capítulo anterior, la presión de la vida moderna indica que aún no hemos aprendido la lección. Un CEO como Andrew Mackenzie, de BHP (una de las empresas más grandes de Australia), rompe tabús al afirmar públicamente que «un Andrew descansado puede hacer más en cuatro horas que un Andrew cansado en ocho». De igual manera, el principal consejo del director de cine Dan Petrie para aquellos que comienzan en la industria nunca fue nada técnico ni creativo, sino: «Vete a dormir antes de las diez».

Sin embargo, si bien el descanso y la regeneración son importantes, existen otros muchos y valiosos beneficios personales. A veces una pausa te permite poner en práctica tus habilidades y tu capacidad de juicio. Otro director de cine, John Boorman, hace pausas mientras rueda para poder poner la atención en sus «instintos». Un médico puede llegar a pararse un par de segundos en plena operación, con su dedo en la arteria carótida, para poder sentir el pulso y tomar una decisión crítica sobre qué fármacos administrar. Para acceder a estas otras inteligencias es necesario que nuestra forma habitual de pensar esté en silencio. La pausa nos da acceso a capacidades que quizás no sabíamos que teníamos.

Una pausa también nos puede ayudar a entendernos mejor a nosotros mismos. En uno de nuestros retiros pedimos a los participantes que pasaran un par de horas al aire libre contemplando el paisaje. Se trataba, efectivamente, de una pausa (la contemplación) dentro de otra pausa (el retiro). Uno de los participantes, que acababa de dejar el mundo de la empresa, volvió preguntando: «¿Qué ocurre si concibo mi trabajo, o mi carrera, como un campo, y no como un camino?». Esta imagen le permitió pensar de una forma totalmente diferente sobre su trabajo y cómo este podría evolucionar.

Paradójicamente, hay momentos en los que una pausa aporta lo contrario de la claridad... Y eso podría ser justo lo que uno necesita. Son conocidas las palabras de John Keats sobre la «capacidad negativa», que describía como la capacidad «de existir en medio de incertidumbres, misterios, dudas, sin la irritante búsqueda del hecho y la razón». Sin la pausa, esto es difícil de lograr. Crear un espacio, sea de una hora o un día, donde permitirse a sí mismo permanecer en la duda es una forma productiva de conectar con la incertidumbre. Tal y como explica mi colega de Oxford Tracey Camilleri: «Vacilar en la duda es muy importante para encontrar el rumbo».

Cuando comencé a investigar y jugar con la pausa, me sorprendió lo fructífero que era como territorio. Parecía una idea tremendamente simple, y, sin embargo, cuando empecé a leer e investigar no paraba de encontrar más matices y sutilezas.

En los últimos dos años he hablado sobre la pausa con gente muy diferente, desde actores hasta maestros zen, incluyendo empresarios, coreógrafos, diplomáticos, formadores de ejecutivos, directores de cine, improvisadores, músicos, científicos, profesores, escritores y profesores de yoga.

Todas ellas fueron conversaciones fascinantes. Las personas me explicaban qué sabían, qué se sentía con una pausa, pero que no eran capaces de explicar qué era. Usaban descripciones como «fuera del tiempo» o «espacio blanco». Hablaban de pausas silenciosas, de pausas significativas, de pausas conectivas, de pausas creativas, de pausas que sincronizaban y de pausas que llevan a algún lugar por sí solas. Planteaban preguntas novedosas e interesantes que no se me habían ocurrido antes. Todo tipo de cosas, desde: «¿Puedes hacer una pausa por accidente?» a «¿Qué pasa cuando toda una nación hace una pausa?». Hablaron sobre la pausa en todo tipo de contextos, incluyendo la música, el teatro, la televisión, la religión, la educación, la arquitectura y la conversación.

Existen todos esos ángulos. Es un tema sutil que se desdobla, que se puede analizar indefinidamente y con el que se puede jugar como a uno le apetezca. Esto me gusta. Cuanto más aprendo sobre ello, más creo que tengo que aprender. Cuanto más intento trabajar con ello, más tengo que practicar. Que es a donde vamos ahora.

3
Hábitos

Una de las cosas más bonitas de la pausa es lo obvia y familiar que resulta. No hace falta ir a clase o apuntarse a ninguna creencia en particular para poder entenderla o comenzar a trabajar con ella. Cualquiera puede reflexionar sobre dónde y cómo aparecen las pausas o dónde están ausentes, sea en su propia vida o en el trabajo, sin conocimiento o aprendizaje previo. Hacer una pausa es algo muy factible, razón por la cual es un buen tema para un libro de esta colección.

La meditación, el yoga, el taichí y *el mindfulness* son maravillosos a su manera y me gustan todos y cada uno de ellos. Sin embargo, los rodea cierto aire místico y para algunas personas esto puede llegar a ser un obstáculo. Incluso si, como a mí, te gusta seguir esas disciplinas de vez en cuando, lo cierto es que para seguirlas hay que tener algo de formación, lenguaje o técnica.

Con la pausa no es así.

Pero, a pesar de lo corriente que es, como hemos visto, la pausa tiene variedad, profundidad y complejidad. En este sentido, la pausa es como el vino. Todos entendemos qué es el vino (algunos de nosotros demasiado bien), pero dentro de la categoría vino existe un infinito número de variedades. Esto me gusta. Significa que todo el mundo puede encontrar su manera de hacer una pausa. Puedes pensar en lo que te resulta interesante o apropiado y empezar ahí.

Este capítulo y los dos siguientes tratan íntegramente sobre la práctica —cosas que se pueden hacer— y contemplan un montón de pausas de diferentes tipos y dimensiones. Comenzaremos por lo pequeño, fijándonos en cómo insertar pequeñas pausas en nuestra vida diaria y crear hábitos. En el próximo capítulo tomaremos un poco de distancia para ganar perspectiva y examinaremos la creación consciente de pausas más largas que solo pasan de vez en cuando. El último de estos tres capítulos trata sobre cómo podemos usar la cultura para integrar la pausa en el tejido de nuestras vidas durante largos periodos de tiempo. Sin embargo, no se trata de una serie de pasos secuenciados. Hacer todo lo que menciono aquí no es posible (ni sensato); la idea es aportar abundantes y diferentes puntos de partida de entre los que poder elegir.

Y... ¡acción!

Uno de los aspectos más bellos de la pausa es que no tiene que ser gran cosa. Unos pocos segundos extra aquí o allá pueden marcar la diferencia. El realizador David Keating utiliza una diminuta pausa «de la duración de una o dos respiraciones» para transformar inmediatamente el ambiente en el equipo de filmación: «En el set, la palabra *acción* tiene cierta magia, así que cuando la retrasas, aunque sea un par de segundos, todo el mundo se da cuenta, no solo los actores. No es que lo utilice de forma rutinaria, pero hay momentos en los que siento que es necesario. Tiene fuerza».

Una corta pausa puede ser suficiente para influir en todo un grupo. Líderes, tomen nota.

A veces una pausa no es ni siquiera visible. Hace años, durante un curso en el Schumacher College de Devon, conocí a un mexicano llamado Jorge Kanahuati. Me di cuenta de que, siempre que hablaba, la gente escuchaba con atención. La conversación se hacía más profunda y lenta, para beneficio de todos. Le pregunté qué hacía para provocar ese efecto. Me explicó que cuando sentía que tenía algo que decir, en lugar de dejarse llevar por el impulso, hacía una pausa y esperaba para comprobar si realmente hacía falta decirlo. Si la idea volvía, hacía una segunda pausa. Y solo si volvía una tercera vez, hablaba. Las pausas invisibles de Jorge tenían un efecto visible en el resto de nosotros, nos convertían en una mejor audiencia y aportaban calidad a la conversación. Años más tarde sigo pensando que la historia de Jorge es un modelo muy útil y, a veces, dejo salir mi «Kanahuati interior».

El escritor Tom Chatfield, que pasa mucho tiempo reflexionando sobre tecnología, cree que subestimamos el valor de no hacer nada. Es fundamentalmente la tecnología la que nos compele a actuar con inmediatez, no nosotros mismos. Dejar las cosas un momento, explica, es un filtro que funciona muy bien. Al retomarlas algo más tarde se puede juzgar mejor si realmente hay que hacerlas. En caso de duda, no haga nada. Muchas más veces de las que creemos, no hay ninguna necesidad de reaccionar. «La pausa y el silencio son amigos de las buenas reflexiones».

Lograr la claridad mental necesaria para pausar así no es fácil. Una colega, facilitadora experimentada, admitía que siente que tiene que responder a las preguntas inmediatamente. Sabe que sus respuestas son mejores si espera uno o dos minutos, pero le entra ansiedad por responder enseguida. Como dice el psicólogo Jon Stokes: «La gente es adicta a estar ocupada, así que pedirles que paren es como pedir a alguien que deje la heroína». Intentarlo con todas las fuerzas es parte del problema y puede complicar las cosas. Jon compara el cerebro con un bebé, es imposible que deje de hacer algo, hay que distraerlo con otra cosa. Así que, si quieres integrar la pausa en tu día a día, necesitas sustituir un hábito (el de responder inmediatamente o esforzarte siempre) por otro distinto. Es cuestión de práctica. La práctica no es algo abstracto, se adquiere, así que hay que implicar al cuerpo además de a la mente.

Respira

Un punto de partida obvio es la respiración, que conecta cuerpo y mente. Respiramos constantemente, así que usar la respiración es una posibilidad siempre a mano. Cuando las cosas se ponen difíciles o tensas, puedes «tomar aire» antes de hablar o responder. Pon la atención en tu estómago, relajándolo y dejando que se expanda (en lugar de respirar desde el pecho) y toma aire lentamente. Concentrarte en tu cuerpo durante tres o cuatro segundos puede ayudarte a pensar en otra cosa y cambiar tu estado de ánimo.

Los actores de teatro de improvisación utilizan esta técnica. Constantemente enfrentados a lo desconocido e impredecible, acaban siendo muy buenos en esto de esperar unos segundos. Tomar aire te cambia física y mentalmente, rompe el círculo vicioso de la prisa y el pánico. Esto es importante también en el ruedo empresarial. Dan Klein es profesor de improvisación en la Universidad de Stanford y trabaja con compañías de la zona de la Bahía. Explica que al 40 % de los miembros de su público del mundo de los negocios les han dicho alguna vez que hablan demasiado deprisa cuando hacen presentaciones. Y sin embargo, señala, el cerebro puede procesar palabras más rápido de lo que podemos pronunciarlas. El problema no es la velocidad en sí, sino olvidar hacer pausas para que la gente digiera lo que se está diciendo. Así que, al hablar en público, haz una pausa de manera consciente de vez en cuando. Puede que parezca una interrupción aburrida y vacía, pero son solo unos segundos. También puedes repetir la frase, como hace el poeta David Whyte. Si tus palabras merecen ser pronunciadas, entonces seguro que también merece la pena esperar unos segundos para que calen, ¿no? Esto también te permitirá pensar en lo siguiente que quieres decir. El público te agradecerá ese tiempo para reflexionar y tu cerebro estará bien oxigenado.

Aunque nos gusta considerarnos seres pensantes, Jon Stokes cree que nos adulamos a nosotros mismos: «La mayor parte del tiempo simplemente reaccionamos; no hacemos nada que se pueda llamar realmente pensar». El ejercicio de tomar aire crea una pausa entre estímulo y reacción que permite pensar de verdad. Con el tiempo, interrumpir hábitos automáticos y conseguir claridad mental es cada vez más fácil. No puede ser más sencillo.

Sal afuera

¿O sí? Si respirar no funciona, se puede caminar. El coach integral Justin Wise acostumbra a sugerir a sus clientes que dejen su mesa de trabajo dos o tres veces al día, salgan y den una vuelta a la manzana caminando. Al principio se sentirán cohibidos. Parece algo ridículo, pero Justin insiste en ello y, para animarles, les pide que escriban algo sobre cuando caminan. Gradualmente, conforme el pensamiento crítico cede, se crea espacio para otras reacciones; comienzan a notar cómo se sienten en su cuerpo (una nueva fuente de información), tienen revelaciones o nuevas ideas.

Pasado un tiempo, un paseo que parecía trivial se hace indispensable y queda integrado en su rutina. Personas muy ocupadas e importantes cuentan que lo que comenzó como una molesta obligación acabó convirtiéndose en una necesidad: con la práctica cada vez cuesta menos seguir el ritmo y los beneficios que genera son tantos y tan constantes que se preguntan cómo han podido pasar tanto tiempo sin ella.

Caminar es, igual que respirar, algo que hacemos de todas maneras, así que cualquier forma de caminar representa una oportunidad para ejercitar la pausa. Caminar y pensar están íntimamente ligados, por lo que hacerlo proporciona una auténtica «pausa para el pensamiento». Caminar nos ofrece la posibilidad de «sacar a pasear nuestras ideas» de manera metafórica, abordándolas de otra forma o mirándolas desde otro ángulo. En su maravilloso libro *Andar, una filosofía*, Frédéric Gros investiga la importancia de caminar para filósofos y poetas como Nietzsche, Rousseau y Rimbaud. Un paseo, dice Gros, «es una cuestión de cambio de ritmo: desentumece los miembros del cuerpo y las facultades de la mente». Un paseo corto es sencillo, fácil de llevar a cabo y tiene efectos inmediatos. En solo cinco minutos puedes modificar tu perspectiva y cambiar tu estado interior.

La profesora y Dama del Imperio Británico Angela McLean es bióloga matemática en el All Souls College de Oxford. Hace un tiempo me reuní con ella para hablar de creatividad y me dijo: «Si nuestra conversación se encalla, podemos hacer lo que siempre hago en esas circunstancias, que es ir a dar un paseo». El doctor Neil Randhawa, un anestesista de Londres, utiliza un «paseo al trabajo» para fabricar una pausa colectiva con los compañeros. De vez en cuando queda con otros doctores camino al hospital, en un punto conveniente para todos, y camina con ellos la última media hora. La idea es crear un «espacio vacío» donde poder hablar de cualquier cosa que tengan en mente, seria o intrascendente, como no podrían hacerlo una vez en el trabajo.

Por paradójico que suene, es útil esforzarse en caminar despacio si se tiene prisa. Caminar rápido a una reunión puede ahorrarnos algún segundo, pero ¿en qué estado mental se llega? Caminar a un ritmo comedido puede hacer que lleguemos un poco más tarde, pero con un encuadre mental completamente diferente. Las personas a nuestro alrededor notarán la diferencia. Esto es particularmente valioso en el caso de los líderes. Al ralentizar nuestros movimientos podemos crear una sensación de tiempo y espacio donde parecía no haber ninguno. En la misma línea, a las personas que se dedican a los servicios de emergencias se les dice que no corran a un accidente porque incluso en circunstancias así de extremas es más importante ordenar los pensamientos que llegar unos segundos antes.

Cuenta hasta uno

Con frecuencia descuidamos el hacer pausas simplemente porque nos olvidamos. En este punto, el zen tiene algo que enseñarnos: algo que no tiene nada que ver con la meditación ni con el canto (os prometí que nada de misticismos). En un monasterio zen, la puerta de la sala de meditación, o *zendo*, no llega hasta abajo. El hueco de la puerta está atravesado en el suelo por una barra de madera que hay que superar para entrar. No es que los budistas zen, normalmente tan meticulosos, sean unos carpinteros descuidados, es intencional. La barra obliga a detenerse un momento y tomar consciencia de cómo se entra en el *zendo* —en qué estado mental, con qué intención, etc.—. Te da un momento para hacer balance personal. Actúa como un badén en la carretera, tanto literal como metafóricamente, obligándote a hacer una pausa.

Una versión cotidiana sería contar hasta uno antes de entrar en una habitación o una reunión. No hasta diez, ni siquiera hasta tres, sino hasta uno. Puede parecer insignificante, pero para contar hasta uno hay que hacer una pausa. Lo importante es parar, no cuánto rato. El efecto de ese diminuto interregno es parecido al de la barra atravesada en el suelo en el hueco de la puerta: toma nota de ti, y eso hace que uno tome nota de cómo está. Se lo suelo proponer no sin picardía a personas orgullosas de lo ocupadas que están, porque ni siquiera ellos pueden afirmar no tener tiempo para contar hasta uno.

Contar también puede ayudar a sostener los silencios, algo que le cuesta a mucha gente. Si cuentas el tiempo que aguantas en silencio, verás que no es mucho. En un taller, una pausa de diez segundos —para permitir a los asistentes digerir una experiencia o encontrar las palabras con que expresar algo— suele ser suficiente, pero parece una eternidad. Medir objetivamente la duración de una pausa cargada de significado nos ayuda a mantenerla un poco más de tiempo. Y con algo de práctica, deja de ser algo incómodo. Con el tiempo, empiezas a ser capaz de tolerar más silencios y más largos. Y esto abre todo un abanico de nuevas posibilidades.

En 2008 la Organización Mundial de la Salud inventó una especie de badén para quirófanos. Se llama «lista de control de seguridad quirúrgica». Consiste en una serie de sencillas preguntas para hacer antes de comenzar una operación. Algunas son técnicas, pero la mayoría no. Uno de los puntos a controlar es, por ejemplo, que los miembros del equipo se hayan presentado todos por sus nombres. El valor de la lista de control reside en que obliga a hacer una pausa y pensar. Esto, por sí solo, mejora considerablemente los índices de morbilidad y mortalidad. Es una versión más formal de la «pausa para reunir» que utilizan los cantantes y músicos.

Un badén te obliga a pararte. Una opción más suave es buscar momentos concretos, lugares o rutinas que puedan funcionar como «desencadenantes» para no tener que confiar únicamente en la memoria y la fuerza de voluntad.

La rutina diaria

El trayecto al o desde el trabajo es uno de esos desencadenantes. En lugar de considerarlo una molestia, ¿por qué no verlo como algo que puedes tomar y utilizar? Uno podría, por ejemplo, replantearse los atascos de tráfico como momentos de pausa.[1] Esto no implica necesariamente convertirse en una especie de santo, inmune a las presiones de la vida moderna. De hecho, es más bien lo contrario. Se puede hacer una pausa para ser consciente de la frustración o de la impaciencia y, al hacerlo, crear un pequeño espacio entre nosotros y esos sentimientos en lugar de dejar que nos dominen.

También se podría considerar el trayecto como un «intermedio» en sí mismo (en lugar de una pérdida de tiempo). Concebirlo como un espacio que no hay que rellenar forzosamente y evitar deliberadamente leer, escuchar música o la radio o mirar el correo electrónico. Ver lo que ocurre y qué notamos, sea en relación con el viaje o con uno mismo.

---

1 Buen ejemplo de cómo usar la técnica del improvisador que consiste en ver todas las cosas como algo que podemos tomar y utilizar. En mi libro *Improvisa* se profundiza al respecto.

Un amigo lo hace cuando lleva a su hijo en coche a clase de escalada, creando un espacio vacío donde ambos pueden, sencillamente, estar juntos. Uno de mis clientes tiene la costumbre de memorizar qué hay y quién está en el vagón de tren de vuelta a casa, creando un espacio «depurador» entre trabajo y hogar y ejercitando la memoria al mismo tiempo.

Quien quiera ser más específico, puede concentrarse en el principio y el final del camino. Marcharse y llegar son momentos fáciles de identificar, en los que se puede crear una pausa que marque los límites del tiempo, como un sorbete entre platos en un restaurante, que limpia el paladar y nos prepara para lo que viene a continuación.

Tom Hockaday fue durante diez años el CEO de Isis Innovation, una compañía de transferencia tecnológica de la Universidad de Oxford. En ese tiempo desarrolló una rutina de «fin de día» bastante particular. Antes de marcharse del trabajo, cerraba la puerta de su oficina y se tomaba cinco minutos para sí mismo. Lo llamó «Take Five» en homenaje al músico de jazz Dave Brubeck.

Esos cinco minutos le ofrecían una apertura que podía resultar valiosa de muchas maneras. Podía encontrar solución a una dificultad que había tenido previamente, recordar una tarea que tenía que hacer al día siguiente, pensar en el futuro a largo plazo o simplemente sentarse con calma y soñar despierto. De una u otra forma, lo veía como una manera de zanjar el día y dejar los pensamientos del trabajo en el trabajo en vez de llevárselos a casa. No sé si escuchaba la pieza de Dave Brubeck mientras lo hacía, pero la versión que tengo dura cinco minutos y quince segundos, así que hubiera encajado perfectamente.

Las llegadas funcionan igual de bien que las partidas. El coach de liderazgo Gil Dove cree que el momento de llegada a casa es importante. A lo largo de su carrera ha observado que algunos de sus clientes, deseosos de volver a casa y a menudo sintiéndose culpables por llegar tarde, entraban como un torbellino. No eran conscientes de que estaban a punto de ingresar en un lugar donde ya estaba sucediendo algo. Esto no dejaba espacio para percibir el ánimo de su pareja o la actividad que estaban realizando los niños. En consecuencia, aunque estaban contentos de estar en casa, no conectaban adecuadamente con sus seres queridos, lo que podía llevar a malentendidos o momentos de tensión.

Gil recomienda hacer una pausa de treinta segundos en el umbral de casa. Una pausa así nos permite recordar a quién estamos a punto de saludar y lo que significan para nosotros. La idea es no solo deshacerse de lo que hemos dejado atrás (como Tom Hockaday) sino crear expectación ante el reencuentro.

Cualquier actividad repetitiva se puede usar para desencadenar una pausa. Brad, un colega de Estados Unidos, se impacientaba usando el secador de manos y acababa marchándose con las manos mojadas. Al darse cuenta de lo ridículo de la situación, decidió conscientemente empezar a usarlo como una pausa. Esto le aportó un momento de relajación así como la oportunidad de secarse bien las manos.

En lugar de usar una actividad como detonante, se puede utilizar el ánimo. Cuando mi mente va a toda velocidad y me siento sobrepasado, utilizo un mantra personal que me funciona como respuesta a la ansiedad. Repito la frase «Hay tiempo para todo» una y otra vez. Normalmente lo hago en mi cabeza, pero, si no hay nadie a mi alrededor, lo digo en voz alta. Al convertirlo en algo físico, cobra fuerza. El ritmo repetitivo tiene un efecto calmante, me conecta con mi cuerpo y mi respiración. Cuanto más lo digo, más despacio voy. Un mantra no tiene por qué ser algo místico o religioso: mi frase me recuerda que la fuerte sensación de urgencia que siento es exactamente eso, una sensación dentro de mí, no algo en el mundo.

El hábito de escribir

Sabemos que transformar cualquier actividad en una rutina aumenta la probabilidad de que la hagamos. De esta manera, podemos aprovechar algún tipo de ejercicio físico habitual y utilizarlo como una pausa. No tiene por qué ser yoga ni meditación. Se puede probar con la escritura. Muchos autores se prometen a sí mismos escribir cada día, de manera semiautomática. Julia Cameron, gurú de la creatividad, ha popularizado una versión de esta idea llamada «páginas matutinas», que, como cabría esperar, se lleva a cabo a primera hora de la mañana. La idea es «sorprenderse a sí mismo con las defensas del ego bajas». La hora, así como otras reglas específicas suyas (escribir exactamente tres páginas, por ejemplo), pueden ser importantes para un escritor creativo, pero para introducir una pausa se puede adoptar un enfoque más relajado.

Concéntrate en escribir como actividad física más que mental. Escribe a mano (¿te acuerdas?) y no pienses en lo que escribes. No te preocupes siquiera por la gramática, sencillamente mueve la mano sin parar, como si estuviera desconectada de tu mente (quién sabe, quizás lo esté). Si no se te ocurre nada sobre lo que escribir, apunta simplemente «no se me ocurre nada sobre lo que escribir» una y otra vez, pero no pares. Puede resultar extrañamente relajante. Y a veces, de propina, también es revelador. Podrías descubrir que tu mano tiene más cosas que contar de lo que pensabas. Lo que escribe sin pensar podría resultar interesante.

Llevar un diario es otra forma de utilizar la escritura para crear un espacio de reflexión. Lynda Johnson, la directora de un gran instituto del norte de Inglaterra, me contó que había cogido la costumbre de escribir en un diario para hacer una pausa en su frenético día a día. Se compró un cuaderno que le gustó por su aspecto y tacto, pues pensó que así era más fácil que lo usara (como sabe todo escritor, el material de escritura es importante), y cada noche se pasaba unos veinte minutos con él. Leía tanto como escribía, repasando anotaciones anteriores y apuntando sus impresiones del día. No lo hacía con ninguna intención concreta en mente, ni como una forma de disciplina para consigo misma. Era algo que le permitía relajarse y digerir lo que había pasado durante el día. Con el paso del tiempo también se dio cuenta de que era capaz de detectar patrones en lo escrito. Podía identificar cuándo estaba aplazando algo y descubría temas de los que no era consciente. Así que el ejercicio servía para múltiples fines.

Dibujo diario

Si escribir no es lo tuyo, dibuja. Coge un cuaderno bonito (el material es importante, como sabe cualquier artista) y proponte hacer un dibujo diario. Elige un momento del día y comprométete a dedicarle un tiempo concreto: tres minutos podrían ser suficientes. No hay necesidad de ponerse artístico ni de acabar el dibujo (en realidad, el ejercicio consiste en mirar). Dibuja cualquier cosa que tengas delante de ti. Puede ser un objeto cotidiano sobre tu mesa, antes de irte del trabajo. En China conocí a un joven viajero japonés que dibujaba las cosas más mundanas. Su cuaderno estaba lleno de dibujos de billetes de tren, recibos y llaves de hotel. Era hermoso.

Si la perspectiva de dibujar te intimida, garabatea. Puedes dejar la mano activa mientras la mente divaga, igual que con la escritura automática. Coge un boli y deja que tu mano se mueva por la hoja. Relájate y observa qué surge. O mira hacia otro lado y garabatea «a ciegas». Usa tu mano no dominante para variar. Si realmente quieres quitarte presión, también puedes arrancar la página una vez hayas acabado, hacer una bola con ella y lanzarla (lo cual podría convertirse en un satisfactorio ritual en sí mismo).

Hay muchas cosas que podemos hacer para introducir la costumbre de una pequeña pausa en nuestro día a día. No dejes que eso te confunda ni te agobie. Tampoco te empeñes demasiado.

Tómatelo con tranquilidad y, más que convertirlo en otro objetivo, considera o tantea la idea. Si la pausa se convierte en una parte más de tu lista de tareas pendientes, no ayudará. No necesitas estar haciendo pausas todo el rato. De hecho, si lo hicieras, no sería una pausa.

Yo te animaría a ponerte el listón bajo y a ser egoísta. Una buena forma de coger un hábito es empezar poco a poco. No es necesario plantearse un gran propósito o pasarse una semana de retiro sin hablar para disfrutar del beneficio de una pausa. Hace falta bien poco. Como dijo el exfutbolista Zinedine Zidane: «A veces la magia y la nada están muy próximas». Podría darse que para acceder a la magia de la pausa solo hiciera falta decidir hacerla nuestra. Es probable que, dado que está usted aquí, ya lo haya hecho. Esto se llama «dar nombre a las cosas para que existan». Funciona como el famoso imperativo «No pienses en un elefante». Una vez que conviertes la pausa en una *cosa*, no puedes evitar pensar en ella. Esto puede acabar con la fantasía de que esforzarse, seguir siempre hacia adelante o estar siempre «operativo» es bueno o necesario. Puedes empezar a prestar atención a si haces pausas, cómo las haces y dónde te gustaría detenerte un poco más.

Elige algo fácil que parezca divertido, curioso o que te suponga un reto. Podría ser algo de este capítulo o que inventes para ti mismo. Juega. Crea «pequeños experimentos inofensivos». Si funciona, haz más. Si no, déjalo y prueba otra cosa. Se te ocurrirán muchos más del mismo tipo.

4
Diseña

Durante los últimos quince años he trabajado en el Programa de Liderazgo Estratégico de la Escuela de Negocios Saïd de la Universidad de Oxford. Ser parte de la facultad de educación para ejecutivos me ha permitido conocer a un fascinante y variado grupo de personas e ideas. Los asistentes vienen de todas partes: embajadores australianos, un ejecutivo de telecomunicaciones búlgaro, el editor de un periódico nigeriano o el fundador de una ONG brasileña, por poner algún ejemplo. Muchos de ellos recorrían medio mundo para pasar una semana entre las «agujas de ensueño», la ciudad de Oxford. Como parte del programa utilizamos ideas complejas de la ciencia, la psicología, la historia y la filosofía. Trabajamos con poesía, Lego, arte y música. Pasan muchas cosas.

Cuando pregunto a los asistentes qué han obtenido de la experiencia, la mayoría de las veces responden: «Tiempo para pensar». Al principio, la respuesta me resultaba decepcionante. Después de todo el cariño y la atención que habíamos puesto en diseñarlo y transmitirlo, y todo el esfuerzo que ellos habían hecho para venir, ¿esto era lo que más valoraban?

Pero, mientras yo estaba desilusionado, ellos no. Más aún, estaban tremendamente satisfechos y por lo general le daban al programa una puntuación de 4,8 o 4,9 sobre 5. Esto me confundía. ¿Qué estaba pasando?

Cuando escuché sus comentarios más detenidamente me di cuenta de que «el tiempo libre para pensar» es algo raro, en dos sentidos. Primero, es escaso. Las personas están siempre asediadas por una interminable carga de exigencias. Se concentran en lo inmediato, su tiempo está siempre bajo presión y todo el mundo los requiere. En la práctica, lograr un momento para reflexionar (o para ellos mismos) es muy difícil. Esto vale también para este grupo. Los líderes no disponen de más tiempo para sí mismos que los demás.

En segundo lugar, *raro* significa asimismo «excepcionalmente bueno o destacable», algo que también aplica aquí. Si sacar tiempo es difícil, sacar tiempo para pensar lo es todavía más. No sirve cualquier momento. Para pensar bien hace falta algo más que el intelecto. Pensamos con nuestras manos y nuestros corazones, pensamos moviéndonos, pensamos haciendo. Cada uno de nosotros piensa de manera diferente y pensamos juntos cuando conversamos. Nuestro entorno habitual no fomenta este tipo de pensamiento y, a resultas de ello, la mayor parte del tiempo estamos simplemente reaccionando. Crear «tiempo para pensar» requiere cuidado y atención. Es precioso y escaso.

Me costó bastante aceptar que este no es un tema menor. Nuestra sociedad se centra en generar «más» de todo —más productos, más crecimiento, más dinero, más éxito—, así que tendemos a interpretar que más es mejor. No otorgamos valor al vacío ni al silencio. Por eso yo había dado por sentado que una semana en Oxford aportaría a las personas más «cosas»: más modelos, herramientas, técnicas, etc. Suponía que el contenido estaba por encima del espacio. No me había dado cuenta de que el tiempo libre —la pausa en la vida laboral normal— podía ser la cosa más poderosa. Y que gran parte de la idea era crear ese espacio. Uno de los participantes, el director ejecutivo de una gran organización benéfica, lo resumió perfectamente: «Un tiempo muerto es tiempo vivo», decía.

Este capítulo trata sobre la pausa a otra escala: más larga, más lenta, más profunda. Los hábitos que hemos analizado en el último capítulo tienden a ser rápidos, cortos y frecuentes. En cambio, las pausas que veremos ahora tienen un carácter diferente, son más sutiles y menos comunes. Están planificadas y pensadas. Te ponen en otro modo (y de otro humor). Por un lado, son un alivio y una vía de escape del día a día, pero también son muy intensas. Ponen al descubierto nueva información, a menudo haciendo visible lo que realmente importa. Permiten hacer descubrimientos y tomar decisiones a las que uno nunca hubiera llegado inmerso en el día a día.

Este tipo de pausa no solo ocurre en un programa como el de Oxford. Bill Gates se inventó el suyo propio. Una vez cada dos años se tomaba una «Semana para Pensar». Se retiraba a un lugar remoto con una pila de libros e informes cuidadosamente elegidos, desconectaba del día a día y se zambullía en la lectura y en la reflexión sobre los grandes temas. Esto le permitió detectar patrones, entender cosas y llegar a conclusiones que no se le hubieran ocurrido en la oficina. Mi colega Tracey Camilleri dice que en una semana así «eres capaz de pensar pensamientos largos». De esos «pensamientos largos» surgieron cambios importantes en la estrategia de Microsoft.

Las «Semanas para Pensar» se han convertido en algo habitual entre los líderes de la tecnología. Puede que sea porque la gente copia todo lo que hace Bill Gates, pero creo que hay algo más. Su mundo está dominado por lo rápido y lo nuevo, así que nadie mejor que ellos para darse cuenta de que, de vez en cuando, se necesita trabajar a un ritmo distinto de manera consciente y deliberada.

Esto no aplica solo a la industria tecnológica. Sacar «tiempo para pensar» es importante para cualquiera, a nivel profesional y personal. Esa respuesta instintiva de trabajar más y más no ayuda: es parte del problema. Más que volcarse en trabajar y seguir apretando en esa dirección, es necesario dar un paso atrás. Como dice una de las más famosas citas de Einstein: «Ningún problema se puede resolver desde el mismo nivel de conciencia que lo creó». Una pausa como una «Semana de Lectura» o una «Semana para Pensar» permite acceder a otro tipo de conciencia, una que puede llegar a revelarnos que nos estamos fijando en el problema equivocado o abordándolo de la manera equivocada. Podemos tomar conciencia de nuestros sesgos y presunciones. De vez en cuando, vale la pena hacer algo para cambiar tu mente.

Estas pausas más grandes son demasiado infrecuentes como para convertirlas en costumbre. Y no suceden de manera automática. Es fácil encallarse. La idea misma de este tipo de pausas va en contra de la cultura predominante según la cual el descanso es generalmente «tiempo inactivo» más que «tiempo activo».

Hace un tiempo, por ejemplo, mencioné que estaba escribiendo un libro sobre la pausa a una pareja que acababa de conocer. Ella dijo inmediatamente, sin dudarlo un momento: «Pero hacer una pausa siempre tiene un precio». La idea de que mereciera la pena pensar (o escribir) sobre la pausa le causaba auténtica perplejidad. Se mostraba reticente, incluso ligeramente indignada. Se produjo un silencio incómodo. Una pausa, de hecho. Pasado más de un minuto su marido añadió: «Puede ser..., pero no hacer pausa alguna también tiene su precio».

Esto ilustra a la perfección el dilema al que nos enfrentamos. Damos por sentado que parar nos va a pasar factura, ahora o en el futuro. Esta sensación es inmediata, instintiva y convincente. Hemos sido entrenados para pensar así. Darse cuenta del precio que se paga por no parar nunca requiere reflexión. Para percibir el valor de la pausa, primero hay que hacer una pausa. Es fácil acabar atrapado en un círculo vicioso.

Romper ese círculo y crear pausas más profundas y largas implica un esfuerzo consciente. Lo primero que hay que hacer es reconocer la necesidad, reconocer que el tiempo muerto tiene un valor que no se obtiene de ninguna otra manera. Has de ser capaz de crear una pausa para ti mismo, o quizás sería más correcto decir en ti mismo —dado que comienza con una actitud o una creencia—. A mí me ayuda pensar que «los superocupados son los nuevos vagos». Estar ocupado mantiene todo igual, frenético, pero inmutable. Es una manera de no enfrentarse a algo, y eso es de vagos.

Acción vs. actividad

Los actores de improvisación disponen de un vocabulario muy útil en este contexto. Distinguen entre «acción» y «actividad». La acción es lo que necesitan para crear una historia. Cambia cosas, tanto para los personajes que interpretan como para el público. Una simple frase como «Fui yo» o «Estoy embarazada» es acción porque cambia nuestro punto de vista. Es diferente de «actividad». Actividad son cosas que pasan. La actividad puede ser mucha y rápida —un personaje que persigue a otro—, pero esto no marca diferencia alguna en la historia. La diferencia es importante. No se puede crear una historia o enganchar al público solo con actividad.

En estos términos, estar siempre ocupado es actividad. Si quieres acción, como por ejemplo hacer algo que marque una diferencia, has de ser capaz de interrumpir esos patrones de actividad, lo que significa encontrar la forma de hacer una pausa. Por ello, crear un interregno no es señal de fracaso o colapso, como a menudo creemos, sino de eficiencia. Tal y como dijo una vez el filósofo William James: «El ímpetu, la disnea y la ansiedad no son signos de fuerza, son signos de debilidad y de mala coordinación».

Así que hagamos de la pausa una prioridad. Prométete a ti mismo crear, con una frecuencia determinada, un espacio donde no te consuma la necesidad de completar tareas y puedas prestar atención a diferentes cosas. Asume la responsabilidad de hacerlo y comprométete a ello. Puede ayudar el planificarlo cuidadosamente (en un momento hablaremos de ello), pero para empezar has de estar convencido de que es importante.

Necesitarás esa convicción porque tendrás que enfrentar las dudas y el escepticismo propio y ajeno. Pausar es incómodo e impopular. Es probable que lo critiquen, implícita o explícitamente. La instancia moral suprema pertenece a quienes hacen cosas, no a los que las «postergan». Encontrarás muchas razones en tu cabeza para decir «este no es el momento». Prepárate para todo esto y haz una pausa igualmente. Estate dispuesto a actuar en base a tus sentimientos, no a razones. Prepárate para hacer una pausa sin estar seguro de lo que te reportará. Empezar antes de estar preparado te dará fuerza. O, en otras palabras, si esperas a estar totalmente preparado, nunca comenzarás.

Pensemos en Chris Riley, a quien mencionaba al comienzo de este libro. Chris viajó desde Oregón para participar en una Semana de Lectura en España. Le gustó tanto que quiso hacerlo cada año: pero solo después. La primera vez fue una lucha. No estaba seguro de por qué había venido ni qué le aportaría. Durante el transcurso, se sintió incómodo y fue lo suficientemente sincero para admitírselo a sí mismo en ese momento y a mí después. A pesar de ello, algo hizo que recorriera todo ese camino. Estaba dispuesto a dejarse llevar por una corazonada. A resultas de ello, lo apuntó en su agenda, reservó los vuelos y se comprometió conmigo, su amigo además de organizador, así que *tenía* que venir.

No hace falta que sea larga ni frecuente. Para Chris Riley fueron tres días en un año. Para Bill Gates era una semana entre cientos. En Oxford los participantes me suelen decir: «Ha sido una semana fantástica», tras solo dos días. No todo el tiempo es igual. Déjate llevar totalmente por una pausa y te encontrarás sumergido en «otras formas de tiempo». No dispondrás de más tiempo, pero podrás hacer más con el que tienes.

Pausa bien, y es extraordinario lo que puede suceder en un corto espacio de tiempo. Tal y como decía una participante de la Semana de Lectura: «El tiempo aquí es diferente: amplio, generoso: a paso lento, luego volando al ritmo de la luz y el paisaje». Es algo difícil de apreciar desde fuera, lo cual contribuye al escepticismo. Si aplicas la habitual vara de medir, te equivocarás en los cálculos. Una vez tuve un cliente que insistía en que tres días no era en absoluto tiempo suficiente para su retiro de directivos. Tenía que venir desde lejos y quería estar seguro de que le merecería la pena, un sentimiento comprensible, pero que no ayudaba. Y aun así, al tercer día estaba ya perfectamente preparado para marcharse. Había hecho más de lo que creía posible y reconocía que quedarse más tiempo hubiera sido demasiado. No hay que infravalorar periodos breves de tiempo. Si una «Semana para Pensar» se antoja imposible, inténtalo con un día. No lo descartes todo solo por no disponer de una semana entera. No dejes que la ambición por hacer algo grande te impida hacer algo pequeño. Johnnie Moore, fundador de «Unhurried Conversations», ha adoptado el hábito de lo que llama «divagaciones programadas». Aproximadamente cada mes se pasa una hora o dos conversando, sin un objetivo concreto, con alguien que le parece interesante (a menudo por Skype). Es una forma fácil y de coste cero de incluir un tipo de tiempo diferente en la agenda. Él piensa que incluso un periodo así de corto es regenerador.

La pausa no es lineal

Igual que unos pocos segundos cambian el estado de ánimo en un set de rodaje, unos pocos días pueden cambiar, o cimentar, todo un año. Unas pocas horas pueden transformar tu semana. Damos demasiada importancia a la duración que ha de tener una pausa e infravaloramos cuánto durarán sus efectos. Un padre que vino a la «Experiencia de Tapas Creativas» —un fin de semana que dirigí y que ofrecía un espacio de creación colaborativa— me dijo: «Dieciocho meses después, esos días siguen nutriendo a nuestra familia». Un corto periodo de tiempo puede ser largo.

Esto sucede porque una pausa te permite ahondar en las cosas. Nuestra percepción es lúcida y la experiencia, vívida. Es memorable y significativa. En el lenguaje del improvisador, eso es acción. Establece un fuerte contraste con la nube de actividad en la que vivimos cuando nos apresuramos de un lado a otro con una interminable lista de quehaceres. Es la levadura para la masa de cada día. Para hacer pan hacen falta ambas.

Aquí es donde entra en juego un buen diseño. Es el diseño lo que hace que el tiempo que las personas pasan en el programa de liderazgo de Oxford sea tan intenso. Si está bien hecho puede ser «casi nada», pero crear un espacio «vacío» requiere mucho cuidado y atención. Es necesario pensar como un artista y prestar atención al «espacio negativo» que queda entre y alrededor de los principales elementos. Hay que dar importancia a comidas, viajes y pausas para el café además de a conferencias, actividades y tareas. Con uno de mis clientes las ideas más importantes surgen siempre en los descansos, así que los hacemos más a menudo. La relación entre las sesiones y los espacios marca el ritmo y la cadencia del conjunto. Los contenidos juegan un papel, pero no son lo más importante.

Paso gran parte de mi tiempo planificando diferentes tipos de eventos y retiros para todo tipo de grupos: equipos corporativos y profesionales, grupos, familias e individuos. La idea de que diseñar el vacío es posible puede resultar extraña, pero una pausa necesita ser contenida y se puede diseñar el contenedor.

Mantente receptivo

Comienza con el objetivo de no tener ninguno. O, si te hace falta, plantéate uno abierto y amplio. Yo prefiero intenciones a objetivos (o metas). Me parece más abierto. Si defines estrictamente lo que quieres y lo consigues, todo lo que obtendrás será exactamente aquello que esperabas. Tu propio objetivo te limita, lo cual es un desperdicio. Es un gran cambio respecto a lo de siempre, que consiste en definir los resultados que queremos, precisamente, por adelantado. Esto tiene sentido si uno está centrado en una tarea, pero una pausa no es una tarea. Requiere ser estricto respecto a ciertas cosas (quién viene, dejar el trabajo normal en la oficina) pero abierto ante lo que pueda surgir.

En los retiros para leer pedimos a los asistentes que traigan consigo preguntas relevantes para ellos, no problemas para resolver. Dejamos que las cosas se desarrollen a partir de ahí, lo que significa que las propias preguntas pueden cambiar o que pueden aparecer otras nuevas. Las ideas surgen de las fuentes más insospechadas. Como resultado, y sin siquiera proponérnoslo, recorremos más terreno y hacemos más conexiones de las que hubiéramos pensado. Y el aprendizaje es diferente para cada persona. Sé que nos sorprenderemos a nosotros mismos y estoy bastante seguro de que solucionaremos algunos problemas. Sencillamente no me preguntes cuáles con antelación. Tener una intención abierta, no un objetivo específico, es lo que lo hace posible.

La fuerza del lugar

Para una pausa estilo retiro, la elección del lugar es lo más importante. La forma más rápida y poderosa de generar un cambio mental es a través del contacto con la naturaleza y la belleza. Es de una obviedad pasmosa, pero nunca se exagera al recalcar su importancia. Demasiado a menudo nos rendimos ante las dificultades de tipo práctico que conlleva: «Tardaré demasiado en llegar» o «¿Cómo será?». Sin embargo nuestro entorno inmediato es lo que más nos influye por encima de todo. Para crear una pausa eficaz deberíamos utilizar el poder del lugar. La naturaleza y la belleza aportan perspectiva, contraste e inspiración. Cuando estamos inmersos en la naturaleza reconectamos con nuestro yo natural. No todo el tiempo es igual. Una hora en un buen lugar vale más que un día en un lugar corriente. Las conferencias *Do* tienen lugar en una granja de Gales por una razón, igual que el Burning Man en el desierto.

Esto no significa que sea imprescindible estar en un entorno rural o remoto. En Oxford utilizamos conscientemente la belleza y la historia de la ciudad en sí misma. Un colega bromea llamándola «el parque temático medieval», pero las agujas de ensueño hacen justo lo que dice en el estaño: inspiran y animan a soñar.

Los encantos de los claustros de Oxford son obvios, pero incluso en las más bulliciosas ciudades abundan los lugares tranquilos que invitan a pensar. Solo hay que buscarlos. Imagínate que estás en Londres. Podrías bajar a la orilla del Támesis en Rotherhithe. El olor a barro y el graznido de las gaviotas te harían sentir como si hubieras dejado atrás la ciudad. El cambio de perspectiva y ritmo es evidente. Si invitas a alguien a reflexionar sobre un tema aquí, se le ocurrirán respuestas radicalmente diferentes a las que se le vendrían a la mente en el despacho.

También hay historia. El pub de al lado se llama Mayflower. Desde aquí zarpó el *Mayflower* original hacia Plymouth antes de poner rumbo este, a América. Enfrente del pub está la Biblioteca de Imágenes de Rotherhithe. Se trata de una colección de imágenes y fotografías imposibles de encontrar *online*, caóticamente desorganizadas en viejos álbumes de recortes con olor a moho, alojada en otro antiguo edificio con enormes vigas de roble. Ver imágenes diferentes ayuda a ver las cosas de manera diferente. Quien pase una hora aquí se sentirá como si hubiera estado meses fuera. Quizás alguno de los vecinos de la ciudad que trabajan como voluntarios te ofrezca una taza de té y te encuentres así entablando conversación con alguien que vive a un ritmo muy diferente al tuyo.

Todo esto está en el centro de Londres, a no más de media hora caminando a lo largo del río desde The Shard o la City. Pero ¿se le ocurre a alguien ir allí? Hacía ya treinta años que conocía la zona cuando descubrí todo esto, simplemente porque no miraba. Los mejores lugares para crear pausas, como la orilla de Rotherhithe, están por todas partes, si los buscas. Los parques, los jardines, las plazas, las catedrales, los canales y las azoteas de cualquier ciudad están a tu disposición. Úsalos.

A los espacios los definen sus límites. Además del límite físico, esto implica también tomar decisiones conscientes en relación con la conectividad. Sé claro, realista y firme en este sentido, aunque solo estés diseñando algo para ti mismo. Para que una pausa haga su trabajo es necesario cierto grado de desconexión del día a día y que el resto de la gente lo sepa, para que entiendan que uno no está disponible como lo estaría habitualmente. Por eso Bill Gates corta toda comunicación normal durante sus Semanas para Pensar.

No estamos hablando de algo trivial, así que piensa bien en ello. Durante un retiro, ¿pides a todos los asistentes que entreguen sus teléfonos? ¿O solo servirá para provocar tensión? ¿Cabe usar el humor o las multas o las prendas ante las transgresiones? ¿Permites la conexión en algún momento determinado del día? Innocent (el fabricante de *smoothies*) organizó un festival en el campo, al sur de Londres, alimentado con energía solar y llamado «Innocent Unplugged». Animaban a la gente a ir sin móviles. Por lo que pude ver, y aunque no era obligatorio, la gente rápidamente empezó a dejarlos en la zona de acampada.

No existe una única respuesta a este respecto y siempre dependerá del contexto, pero como dicen en el campo: «Buenas vallas hacen buenos vecinos». Para disfrutar de los efectos beneficiosos de una pausa hace falta pensar en cómo cercarla. Una forma fácil de hacerlo es elegir un lugar donde no haya mucha cobertura, como imagino que hizo Innocent cuando eligió la ubicación. Muchas de las pausas que diseño se desarrollan en la España rural donde hay poca cobertura y la señal de wifi es débil. Al final de un «Parenthesis» —un tiempo de desconexión para profesionales—, un participante de Estados Unidos me dijo: «El wifi aquí es una porquería. —Pausa—. Asegúrate de que siga así».

Crea algo de espacio

El fetichismo que existe en torno a la productividad significa que para poder crear un espacio vacío a veces hace falta un poco de prestidigitación y una tapadera plausible. Para satisfacer a los mirones, a los supervisores o a los participantes escépticos, conviene presentar un programa de actividades que parezca detallado y suene respetable, pero sin aplicarlo demasiado literalmente. El objetivo es crear cierto espacio, no una agenda atiborrada.

A principios de año ayudé a diseñar una cumbre de directores ejecutivos para una multinacional. Incluía, para acabar, un día vacío y sin agenda. La presión para llenarlo y «sacar el máximo partido al tiempo juntos» fue tremenda, pero el líder resistió. Al final, el día «vacío» resultó ser crucial. Facilitó un espacio para procesar, digerir y entender los días pasados. Sin él, el evento no hubiera tenido el éxito que tuvo. Defender las fronteras del espacio vacío es importante y requiere valentía. Hay que tener las agallas para ello.

En lugar de llenar el tiempo como si fuera una agenda para una reunión, piensa en qué es lo que te puede aportar el ánimo o la energía que buscas. ¿Qué tipo de actividad o materiales pueden ayudar? Para una Semana de Pensamiento se puede elegir un tema y seleccionar lecturas relacionadas, pero hay muchas otras posibilidades dependiendo del tipo de pausa que quieras crear para ti o para los demás.

La «Experiencia de Tapas Creativas» se diseñó para que la gente saliera de su mundo cotidiano a través de la experiencia del elaborar. Fue deliberadamente lúdico, así que más que libros y artículos había todo un despliegue de materiales para hacer cosas como papel, cartón, cordel, cinta adhesiva, plastilina, arcilla, cuerda, tela, disfraces, alambre, madera, ladrillos, piedras y neumáticos usados. Ocupar las manos es una manera de detener la mente. Los materiales y las actividades se diseñaron para propiciarlo.

Además de los materiales, piensa en qué reglas quieres para regir tu pausa. Hace falta cierta estructura, pues de lo contrario la gente simplemente hará lo que hace normalmente. Para la «Experiencia de Tapas Creativas» no asignamos grupos, ni les dimos instrucciones, ni dividimos el espacio de trabajo ni los materiales. Eran libres de elegir por ellos mismos. Solo había tres reglas:

1. *No crear en solitario*
2. *No crear nada que durara más de siete minutos*
3. *Haber acabado a las 21.00*

Esta estructura fue suficiente para movilizar a sesenta personas durante veinticuatro horas y que realizaran casi treinta creaciones diferentes, incluyendo esculturas, películas, *performances* y un partido de fútbol (que duró solo siete minutos). El espacio vacío hizo el resto.

En la misma línea, la Semana de Lectura solo tiene dos reglas. Elegimos muchos libros diferentes, pero solo hay un ejemplar de cada uno. Así que la primera regla es: «De uno en uno». Puedes quedarte un libro por el tiempo que (o tan poco tiempo como) quieras, pero solo puedes cogerlos de la mesa de libros de uno en uno. El resto se tiene que quedar ahí. La segunda regla es: «Lee entre comidas, habla durante las comidas». Esto es todo lo que necesitas para funcionar todo el fin de semana.

Establecer un patrón de pausas

La belleza de estas pausas largas es lo mucho que te dan. Una pausa cuidadosamente diseñada de vez en cuando te puede durar mucho tiempo. Lo cual es también un misterio. Dado lo poco frecuentes que son, ¿cómo se puede establecer un patrón que garantice que no las olvidamos o nos las saltamos?

Una forma de hacerlo es reservar una «bolsa de tiempo» para ellas. ¿Una semana al año? ¿Un fin de semana largo cada trimestre? ¿Una tarde al mes? Sea lo que sea, hay que planificarlo y comprometerse a hacerlo. Se puede trabajar con las estaciones. ¿Cuáles son los momentos naturales de tranquilidad que podemos aprovechar? En España las cosas se calman de manera inevitable durante el verano, así que yo podría usar eso. Durante años mi colega de trabajo Gary y yo descubrimos que en diciembre no había nadie disponible para los talleres de improvisación a los que nos dedicábamos. Si no estaban liados acabando cosas antes del fin de año, habían salido a comer. Así que decidimos trabajar con ello en lugar de contra de ello. Incluso si alguien nos pedía que hiciéramos algo en diciembre, decíamos que no. Usamos esa pausa de muchas formas diferentes: para desarrollar cosas nuevas, para repasar el año, para charlar o para concentrarnos en la familia. Lo decidimos de manera consciente y nos sentimos de muchas maneras menos ociosos.

Las estaciones también se pueden usar como una metáfora. Las épocas de labranza, de siembra y cosecha son muy diferentes. Tienen una energía diferente. Úsala. ¿Cuándo es tu época de cosecha y cuándo conviene dejar las cosas en barbecho? ¿Cuándo es primavera, verano, otoño o invierno en tu trabajo, independientemente de la fecha del calendario? Esto te permitirá entender dónde poner algo de pausa y liberarte de la sensación de que tienes que seguir para adelante con todo, en todo momento.

¿Qué tal si utilizas tu cumpleaños como detonante? Es un hito que difícilmente olvidarás, así que, ¿por qué no aprovecharlo para dar pie a una pausa anual? Tómate el día libre o márcate ese día para practicar algo, para repasar lo que ha sucedido durante el año o plantearte objetivos para el que viene. Si se te antoja demasiado trabajo para tu cumpleaños, quizás podrías establecer un cumpleaños «oficial», como el de la Reina de Inglaterra, en torno al que construir tu pausa anual. De esta forma podrías elegir el momento del año más apropiado para ti. El mío podría ser el Día de los Inocentes, por ejemplo.

Más allá de las breves pausas que interrumpen las fluctuaciones de cada día, existen pausas más lentas, de mayor profundidad y que duran más. Estas pausas son de un carácter diferente. No son un sustituto de esas otras más pequeñas, ni una mejora, sino un complemento, un punto de partida completamente diferente que podría ser más adecuado para cada uno de nosotros. Este tipo de pausa es cuestión de diseño, no de hábito.

Cuando decides acudir a un evento como las *Do Lectures*, apuntarte a un programa del Schumacher College o participar en una «Unhurried Conversation», estás eligiendo conscientemente. ¿Cuándo te va bien ir? ¿Y por cuánto tiempo? ¿Qué tipo de evento, de gente, de lugar? Así que incluso usando pausas precocinadas, tomas decisiones relativas al diseño. También se puede elegir hacer la propia pausa (solo o con otros), como Bill Gates.

En ese caso, no hay ningún problema en que construyas a partir de las ideas de otros, pero no te limites a copiarlos: aprovecha la oportunidad para crear algo que te encaje. Juega y diviértete. En cualquier caso, es imposible usar fórmulas, pues planificar una pausa que dé frutos requiere cierta sutileza y un poco de paradoja:

— *Planifica, pero permanece receptivo*
— *Comienza con una intención, no un objetivo*
— *Resiste la tentación de definir con antelación y de manera muy concreta en qué consistiría para ti que saliera bien*
— *Aprovecha la fuerza del lugar*
— *Ponte límites y respétalos*
— *Utiliza cualquier material y actividades que se adecúen a tu propósito*
— *Crea reglas sencillas y deja espacio a la improvisación*

Diseñar una pausa es un proceso creativo, así que tómatelo como una serie de puntos de partida para estimular tu pensamiento, no una lista de quehaceres.

Más allá de los detalles de lo que puedas planificar, en el proceso se dará un importante traspaso de poderes. Al diseñar pausas para ti mismo puedes dar forma a cómo quieres vivir el tiempo. Esto combate la sensación de que tu vida está gobernada por un ritmo externo y mecánico, marcado por otra persona (o por un aparato) y te permite moverte a un ritmo que es más tuyo.

5
Cultura

En Arenas de San Pedro, donde vivo, en el centro de España, la cosecha de la aceituna tiene lugar a comienzos de diciembre. O a finales de noviembre. Es imposible ser exacto porque depende de cuándo madura el fruto, lo cual es, a su vez, resultado del tiempo que hayamos tenido ese otoño. La naturaleza no fija las fechas en un calendario.

Cosechar aceitunas es un trabajo, pero no como lo entendemos la mayoría. Es un trabajo físico, en un lugar físico que produce un resultado físico, en nuestro caso, cerca de noventa litros de aceite de oliva virgen extra. El tiempo durante la cosecha siempre es agradable, no porque el clima en esta parte de España sea especialmente benigno, sino porque el agua echa a perder la cosecha, así que si hay humedad o lluvia, hay que esperar.

No requiere mucho esfuerzo ni habilidades. Hay que colocar redes bajo los árboles y, usando largas varas de madera, se golpean las ramas para que las olivas caigan en ellas. Se recogen y se criban para separar ramas y hojas y se meten en sacos. No es complicado, pero sí absorbente. Nuestro olivar está en pendiente así que tenemos que resolver el rompecabezas de cómo tensar las redes para atrapar las aceitunas que ruedan montaña abajo. A veces hay que trepar a un árbol para llegar a las ramas más alejadas donde, indefectiblemente, parece que estén la mayoría de las aceitunas. A pesar del riesgo para las extremidades (tanto las propias como las de los árboles), es fácil obsesionarse con coger hasta la última aceituna.

Al cabo del día te unes a un caótico grupo de gente en eso que aquí llaman «hacer cola», para llevar el fruto de la jornada de trabajo a la almazara (la prensa cooperativa) y darle a la lengua. A veces hay que esperar horas, pero nadie intenta acelerar el proceso o hacerlo más eficiente.

Es la ocasión de ver a personas que hace meses que no ves y ponerte al día o conocer a gente nueva y escuchar sus historias. La espera crea conexiones en la comunidad, algo que nadie ha planificado o previsto, pero que funciona igualmente. No hay manera de acelerar todo esto. Hagas lo que hagas, se tarda lo mismo. Aquí lo único que corta algo es el hacha.

Aunque la cosecha de la aceituna no sea precisa, sigue un patrón que se repite. Marca el comienzo del final del año y la antesala de la temporada navideña, así que siempre tiene cierto aire festivo. Para mi vecino Vicente, que trabaja en el campo todo el año (tiene cerezas, higos y castaños, además de aceituna), es simplemente su trabajo, pero para mí representa una muy bienvenida pausa invernal. Trabajar con los irregulares ritmos de la naturaleza, en el exterior, en un lugar bonito, con amigos y familia es un deleite y una terapia a partes iguales. Puede que nuestro olivar se localice a solo unos pocos kilómetros de mi escritorio, pero está a un mundo de distancia del trabajo frente al ordenador.

Además de cuestión de hábito o planificación, también se pueden crear pausas en la vida echando mano de la cultura. Se pueden insertar en nuestro día a día vital y laboral, de manera que ni siquiera haya que pensar en ello. La pausa se puede convertir en parte de lo que uno hace y de quien uno es.

La forma más fácil de hacerlo es cambiar dónde uno invierte su tiempo. El escritor de ciencia ficción William Gibson dijo una vez: «El futuro ya está aquí, solo que no está distribuido de manera equitativa». Esto quiere decir que algunos lugares van por delante de otros. Sin embargo, si el futuro está distribuido de manera desigual, por lógica el pasado también lo está. Se podría afirmar igualmente «que el pasado sigue estando aquí, solo que distribuido de manera desigual». El pasado no es necesariamente retrógrado, sino un lugar donde todavía no se han adoptado las últimas tecnologías y donde estar a la última no se considera importante. En consecuencia, en él persisten ritmos más antiguos y mesurados, la gente no tiene tanta prisa y el aquí y el ahora se aprecian más por sí mismos que como forma de llegar a otro lugar. Si en este sentido el pasado sigue aquí en algún lugar, lo puedes usar en tu beneficio.

El tiempo no fluye igual en todas partes. Cómo lo sentimos depende de dónde estemos y de la cultura con la que conectamos o en la que nos sumergimos. Todo esto otorga un significado completamente nuevo a la expresión «huso horario»: no se trata de la hora del reloj, sino de cómo *experimentamos* el tiempo en un determinado lugar. Si nos mudamos, podemos cambiar de un «huso horario» a otro, incluso en el espacio de unos pocos kilómetros. Es lo que me pasó cuando cambié la tercera ciudad más grande de Europa por un área conocida como la «España profunda». Arenas de San Pedro está lo suficientemente cerca de Madrid como para subir al coche, conducir hasta allí, ver un partido de fútbol y volver a casa otra vez. Aun así, es otro mundo.

Aquí la gente vive a su ritmo. Raramente dicen algo nuevo; hablar no consiste en transmitir información, sino que es una forma de ver a los otros y estar con ellos. Las conversaciones son convencionales y a menudo repetitivas, casi rituales. Si estas fueran mis únicas conversaciones, me ahogaría, pero actúan como un contrapeso a la sobreestimulación y el exceso de novedades.

Un día a comienzos de este año, por ejemplo, me encontraba caminando alrededor del embalse a los pies de nuestra colina con un amigo de Suecia. Era una despejada mañana de abril, el aire era como cristal y los picos nevados de la Sierra de Gredos se reflejaban en las tranquilas aguas. Paré para saludar al «viejo Boni», quien, como nosotros, también estaba dando su paseo matutino, pero en una zona más amable. Señaló hacia las montañas con su bastón: «¿Acaso no es el lugar más bonito del mundo?», dijo. No era una pregunta. Lo traduje para mi amigo, que repuso: «Obviamente, nunca ha estado en ningún otro lugar». A pesar de ello ahí estaba, absorbiéndolo todo como si fuera la primera vez.

Cultura antigua

Tanto el paisaje en sí mismo como la forma en que gente como Boni reaccionan ante él me impactaron. Con el paso del tiempo, me encuentro con que en lugar de aburrirme y buscar nuevos estímulos, mi capacidad para apreciar lo que tengo se hace más profunda. Puede que Arenas sea el pasado, pero no da sensación de retraso: resulta humano, real y lleno de significado. Desde aquí, la tecnología, tan a menudo parte del problema, funciona a mi favor. Me permite conectar con el mundo rápido cuando quiero, pero, en cualquier momento, solo tengo que levantar la cabeza para poder inspirar la vasta y atemporal belleza de la sierra. Tengo siempre a mano el acceso a una experiencia directa y visceral como la pausa, 24/7, como dicen en los lugares donde llevan un ritmo más rápido: montañas durante el día, espectaculares cielos estrellados libres de contaminación lumínica por la noche.

La casualidad me trajo aquí. Otras personas cambian el ritmo de sus vidas con elecciones más conscientes como conectar con otras culturas. El escritor de viajes Pico Iyer decidió dejar su «trabajo ideal» y un apartamento en Park Avenue, Nueva York, para vivir en un piso de una sola habitación en una callejuela de Kyoto, Japón. «Iba tan rápido de un lado a otro que nunca tenía tiempo de ponerme al día con mi propia vida». Así que decidió mudarse a un lugar «donde la gente lleva sentada, sin moverse, ochocientos años». Reconoce que tuvo que pagar un precio: «No es ideal para progresar en el trabajo, ni para experimentar emoción cultural o entretenimiento social». Pero, para él, lo que recibe a cambio es más importante: «A veces ganarte la vida y vivir van en direcciones opuestas».

Vivir en otro lugar no quiere decir que te tengas que quedar ahí todo el tiempo, por supuesto. Pico Iyer sigue viajando, igual que yo: trenes, aviones y coches te pueden llevar de vuelta a lugares o alejarte de ellos. Hace poco pasé una semana en Silicon Valley, en el NASA Ames Research Center de Mountain View. Me encontraba trabajando con Singularity University, una organización especializada en tecnología de última generación y sus implicaciones. Estaba allí con un grupo de expertos astrobiólogos, ciberecologistas y programadores de lenguaje natural hablando de los últimos avances en inteligencia artificial, genética e investigación espacial. Sin embargo, solo veinte horas después de dejar San Francisco y gracias a la aviación moderna estaba de vuelta en casa, recogido a sotavento de la Sierra de Gredos, entre gente que no sabe ni le importa qué son los «unicornios» o el cambio exponencial, y para los cuales una *start-up* es lo que necesitas que haga tu sierra eléctrica.

En Arenas de San Pedro es difícil estresarse o experimentar ansiedad, aunque lo intentes. Puede que haya otro tipo de dificultades (una granizada puede destruir la cosecha de cereza), pero la despiadada presión del tiempo no es una de ellas. Un lugar como este es un recurso, además de un lugar donde vivir. Me invita a detenerme y me ayuda a volver al ritmo que yo elijo, no al que han elegido para mí.

Por el contrario, Silicon Valley, o cualquier zona metropolitana, rebosa de nuevas ideas y posibilidades. Pero esas cualidades que la convierten en una ciudad de vanguardia tienen su precio. Estar constantemente pendiente de qué será lo siguiente en un entorno altamente competitivo genera ansiedad, presión y estrés.

La cuestión no es si un lugar es mejor que el otro. Son diferentes. En la misma medida en que es complicado estar a la última en tecnología desde Arenas de San Pedro, es difícil hacer que la pausa sea una parte importante de tu vida cuando vives en una gran ciudad. Que «hoy sea el día más lento del resto de tu vida» depende de dónde pases el resto de tu vida. A mí lo que me interesa es cómo se pueden usar diferentes lugares para satisfacer nuestras necesidades. Si el pasado todavía está aquí, solo con mudarnos a otro sitio podríamos tener acceso directo a una gran fuente de pausa.

No es necesario mudarse de forma permanente. Tú puedes decidir cómo y dónde colocarte a ti mismo. La visita anual de Chris Riley al fin de Semana de Lectura se convirtió en algo así como una peregrinación. Desde el principio fue bien consciente de la fuerza de un evento anual que, integrado en su calendario, le permitía alargar su efecto: la expectación previa, la síntesis posterior. Es una de las muchas personas que me visita con regularidad y verme es solo una de las razones por las que lo hace. Ninguno tiene intención de mudarse aquí. Vienen para reconectar con un lugar que les posibilite una pausa. Una vez aquí, algunos retornan a lugares muy particulares. Uno de ellos es una roca en el río Pelayos, una piedra angular, literalmente. ¿Dónde podría estar la tuya?

La ironía es que los lugares lentos tienen un efecto rápido. La antigua casa de Ávila donde celebramos los Fines de Semana de Lectura te envuelve con sus muros de granito de metro y medio de grosor y la agitación de la ciudad se evapora rápidamente. En este lugar la sensación de quietud te empapa. Apuesto a que un solo día en un lugar como La Serna puede provocar en cualquiera un cambio importante en su estado interior. Dime con quién andas y te diré quién eres; de la misma manera, los lugares que habitamos nos habitan a nosotros. Si quieres hacer una pausa, cambiar el lugar donde pasas tu tiempo es una de las maneras más simples, rápidas y poderosas de hacerlo. Se echa mano de un profundo pozo de cultura.

Nuevas culturas

Aprovechar una cultura más lenta y antigua es una posibilidad. Crear nuevas culturas es otra. Pensemos en el Burning Man Festival, por ejemplo. Lo que comenzó como una pequeña reunión espontánea durante el solsticio de verano de 1986 en Baker Beach, justo debajo del Golden Gate, ha acabado siendo un extraordinario experimento a gran escala.

Black Rock City, «una metrópolis vibrante y participativa» (con aeropuerto propio), se convierte en el hogar temporal de setenta mil *«burners»*. La ciudad se erige cada año en el desierto de Nevada de la nada, en medio de la nada, por el espacio de unos pocos días. No es una sino muchas cosas, un enorme despliegue creativo de experimentos y experiencias de todo tipo imaginable (e inimaginable). Es dinámico, energético y extremo, pero no solo se trata de sexo, drogas y *rock and roll*. También tiene, por ejemplo, una fuerte faceta intelectual. Acuden pensadores serios como lo demuestran las charlas y los debates que se han oído durante el Burning Man.

Se trata de una pausa como suspensión del *statu quo*, pensada para probar cosas, no para frenarlas. Es un enorme y alegre experimento de inclusión radical, emancipación y autoexpresión, donde se suspenden las habituales normas de la sociedad.

Para quienes allí acuden, su fuerza es real y duradera, y representa la oportunidad de escapar de los «grilletes forjados por la mente» de William Blake, dejando una «resaca positiva». Algunos «*burners*» adoptan otro nombre durante el festival, pausando literalmente quiénes son habitualmente y experimentando con ser otra persona.

El Burning Man es un espacio liminal o de transición que permite a las personas traspasar los límites y probar cosas de una manera que normalmente no es posible. Es intencional y con un propósito. Su objetivo es: «Generar una sociedad que conecte a cada individuo con sus poderes creativos, con la participación en la comunidad, con el gran territorio de la vida cívica y el aún más grande territorio de la naturaleza que existe más allá de la sociedad».

Esto es importante. Quienes acuden encuentran que hay algo psicológicamente sano en salir de las rutinas físicas y mentales habituales. Para la sociedad en general, incluidos aquellos que ni siquiera son conscientes de ello, abrir un espacio liminal así de vasto y creativo sigue teniendo valor. Tal y como hemos visto en muchos otros contextos, cambiar de rumbo es extremadamente difícil si uno no es capaz de hacer una pausa para sopesar o explorar alternativas.

La pausa semanal

La idea de una pausa habitual insertada en el tejido social de la vida es antigua. Muchas religiones incluyen la idea de un día de descanso, que se basa en una idea original de dios. Lo integran en el ritmo semanal, lo que ayuda a cumplirlo. No hay que pensar en ello, la pausa que aporta el *sabbat* simplemente está ahí para ti. Está preestablecida. Los demás saben que no hay que molestar.

Como muchas antiguas tradiciones, esto tiene una conexión con la naturaleza. Lo descubrí en una boda judía en las afueras de Madrid. La ceremonia religiosa no se podía celebrar hasta que acabara el *sabbat*, lo cual significaba que había que esperar a que saliera la primera estrella. Así que allí estaban un par de cientos de personas vestidas con elegancia mirando al cielo, intentando distinguir aviones y satélites de las estrellas de verdad, para que la pareja pudiera hacer sus votos.

Incluso si no eres creyente, puedes adoptar o adaptar el *sabbat* para ti mismo.[2] En la universidad tuve una íntima amiga judía. La solía visitar los sábados por la mañana porque sabía que estaría tomando té en su habitación, escuchando música y charlando con amigos. Poco a poco, aquello se convirtió también en parte informal de mi ritmo semanal.

Cuando llegaron los exámenes finales, lo pasé mal. Intenté seguir trabajando todo el tiempo, con lo cual me tocó lo peor de los dos mundos. Estudiaba mal y nunca pude tomarme un descanso de verdad. Mi amiga me daba envidia, pues seguía un patrón claro en el que no tenía que pensar. Así que decidí copiarle. Me di cuenta de que era libre para tomar prestado ese elemento de la tradición judía e instauré

---

2 Ver *Religión para ateos*, de Alain de Botton. Defiende, de manera convincente según mi punto de vista, que, creas en lo que creas, hay mucha sabiduría en las religiones.

un día de no estudio, desde la puesta de sol del viernes hasta la puesta de sol del sábado. Saber que se aproximaba me ayudaba a seguir trabajando toda la semana; un ejemplo del «punto de apoyo futuro» que mencionaba en el capítulo dos. Una vez llegado, disfrutaba de un día libre sin culpa. No más agonía sobre si debería estar estudiando o no. Era como si me lo hubiera dado dios.

Hoy en día muchas personas aplican la idea del sabático a la tecnología: el «sábado sin pantallas», por ejemplo. Se integra en la rutina, igual que el típico *sabbat*, aportando una estructura para la pausa. Las «curas *detox* digitales» van en la misma línea, aunque normalmente son más largas y menos frecuentes. A menudo la gente utiliza los principales periodos de vacaciones como detonante, igual que con las dietas *detox*.

¿Qué tipo de sabático te funcionaría a ti? Podría estar relacionado con la tecnología o ser tradicional como la comida del domingo. Mi hermana ha convertido el asado del domingo en parte de su cultura familiar y no solo porque les guste la comida y cocinar. Sirve como un punto de apoyo en la semana para toda la familia. Es el momento de bajar el ritmo y estar juntos.

La sobremesa

En España, crear una pausa alrededor de una comida es parte fundamental de la cultura. Saborear la comida es algo en lo que creen, y toma tiempo. En el pasado, la gente se echaba a dormir un par de horas en lo que se conoce como «la siesta de pijama y orinal».[3] La vida moderna ya no lo permite, pero

---

3 También existen otros tipos de siesta. Mi favorita es la «siesta del obispo», a media mañana. Creo que se debería volver a instaurar, y con urgencia.

aun así, las cosas se detienen durante un tiempo a la hora de comer. Lo siento por los turistas, que con frecuencia no se dan cuenta de que entre las dos y las cinco de la tarde, fuera de las grandes ciudades y localidades turísticas costeras, no hay nada abierto. Los residentes locales comen, despacio, y luego se echan la siesta o están de sobremesa. La sobremesa es el tiempo que se pasa a la mesa después de acabar de comer, con café o bebidas, hablando o bromeando. Se da incluso en una comida de día laborable con los compañeros de trabajo en Madrid. Una costumbre a años luz del bocadillo delante del ordenador. ¿Por qué no tomarse un tiempo para comer? Aunque no vivas en España como yo, puedes ser un poco español igual que yo fui un poco judío en la universidad.

La pausa anual

El «año sabático» es una versión larga del *sabbat*. Consolidado en la cultura académica, se está empezando a ver también en otras facetas de la vida. Un ejemplo bien conocido es el del diseñador neoyorquino Stefan Sagmeister, que cada pocos años se toma un año libre entero, periodo durante el que no acepta encargos de clientes (en uno de esos años sabáticos llegó a rechazar una propuesta de la campaña de Barack Obama).

Comenzó haciéndolo para «luchar contra la rutina y el aburrimiento», pero le preocupaba que, una vez acabado el año sabático, los clientes no volvieran. Sin embargo, lo cierto es que ocurrió justo lo contrario. Afirma que es la mejor idea, tanto creativa como de negocio, que ha tenido nunca. Es buena para la creatividad, porque le permite trabajar, pensar y descubrir. Desconectar de las restricciones del trabajo para clientes le da libertad. Puede explorar nuevas ideas y materiales sin un encargo en particular ni ninguna necesidad en mente. Es una buena idea de negocio, porque esas semillas creativas cambian la trayectoria del estudio. Cuando vuelve, las nuevas ideas y los nuevos pensamientos que surgen del descanso se convierten en motor de crecimiento de su negocio. Además, es algo muy visible y dice mucho de quién es, generando expectación y contribuyendo a su renombre.

Un año sabático no tiene por qué ser así de drástico. Iain McIntosh, director financiero y antiguo consultor de McKinsey, ha desarrollado, casi por accidente, un planteamiento muy diferente. Sencillamente hace pausas entre trabajos, repetidamente. Utiliza su conocimiento de los tiempos de una empresa —como los ejercicios financieros y los periodos de elaboración de informes— para crear un descanso para sí mismo, al tiempo que gestiona cuidadosamente las expectativas de futuros empleadores. A veces consigue sacar un mes o dos, otras incluso hasta seis meses. A lo largo de una carrera, esto suma. Ha conseguido, casi sin que se notara, crear muchas pausas durante su vida. Dado que el mundo de las finanzas es más conservador que el del diseño, este formato le encaja mucho mejor.

Sus razones para tomarse tiempo libre son también más personales que las de Sagmeister. Para él, estos descansos son una forma de «retomar esas partes de la vida que desatiendo cuando trabajo mucho». Además de corregir un desequilibrio, le aportan cierta «objetividad ante el trabajo y la vida». Le dan espacio para pensar sobre cuestiones de mayor envergadura (como «¿Estoy haciendo el tipo de trabajo correcto?») y hacer «alguna cosa divertida». Viaja, pasa tiempo apoyando y ayudando a su familia, se reúne con personas que no vería normalmente y adquiere nueva formación. Estos descansos le permiten también seguir lo que llama «el canto de sirena de los grandes libros».

Los años sabáticos pueden jugar muchos y diferentes papeles y tener muy distintas naturalezas. Durante un año dejé un trabajo fácil en una de las mejores agencias publicitarias de Londres para viajar. Fue en 1990. Todavía no he vuelto. Por el camino descubrí un nuevo país, una nueva cultura y un nuevo idioma, conocí a mi mujer y encontré una forma completamente diferente de ganarme la vida. Esta se transformó así en una totalmente nueva. A veces la pausa resulta ser más significativa que aquello que interrumpe.

Ponle nombre

El lenguaje ayuda a crear cultura. Todos sabemos qué es un «*sabbat*». Al referirse a sus retiros como las Semanas para Pensar, Bill Gates les da contenido y eleva su estatus. El nombre le recuerda por qué lo está haciendo. También funciona como una señal hacia los demás; no se trata de tiempo libre, es una «semana para pensar». Los nombres hacen que se nos queden las cosas. Una etiqueta del tipo «Sábados sin pantallas» es explicativa a la vez que fácil de recordar. Fomenta que lo hagas. Poner nombres también nos permite jugar y es divertido. «Take Five», por ejemplo.

Para sustentar tus pausas, puedes tomar prestadas palabras e ideas de otras culturas. Yo vivo en España, así que robo muchas cosas del español, que tiene muchas frases relacionadas con la pausa y el descanso, como *siesta* y *sobremesa*. Cuando los españoles necesitan una pausa para sopesar algo durante la noche dicen que lo van a «consultar con la almohada». La imagen es más vívida y pegadiza que el inglés «*sleep on it*» (dormir en ello). Piensa de quién podrías tomar prestadas palabras que te ayuden a dar nombre y vida a tus pausas.

Hazte con un perro

Si quieres hacer una sola cosa que te lleve a integrar la cultura de la pausa en tu vida, existe una forma fácil de hacerlo. Hazte con un perro. Como dice el dicho: «Un perro es para toda la vida, no solo para Navidad», así que no se puede tomar a la ligera. Pero en eso consiste. Es un doble compromiso: con el perro y con la pausa.

Los perros necesitan salir a pasear. Dependiendo del tipo de perro que sea, necesitará andar más o menos, pero todos necesitan hacerlo, cada día. Más aún, los perros no solo necesitan pasear, les encanta pasear. En cuanto se huelen que van a salir, mueven la cola y se vuelven locos de alegría.

Ese será el momento álgido del día para tu perro y, para ti, una pausa.

Te dará la oportunidad de desconectar de lo que sea que estés haciendo o pensando, de salir, rumiar, reflexionar o soñar despierto. Cuando paseas a tu perro, tu perro te pasea a ti. Tu foco de atención cambia a otra criatura viviente y eso te saca de ti mismo. Es probable que se te contagie algo del ánimo del perro, y estarás más contento. Lo bonito de esto es que nunca se acaba. Nunca podrás tacharlo de tu lista de tareas pendientes. Tendrás que hacerlo otra vez. Y otra. Y otra, mientras tengas perro. Se convierte en parte integral de tu día a día, cada día.

Tiene, además, un beneficio adicional e importante. El doctor Mike Evans, especialista en medicina preventiva, dice que lo mejor que se puede hacer para la salud es caminar media hora cada día. Es bueno para un amplio abanico de problemas de salud como la demencia, la diabetes y la depresión. Según estudios longitudinales (de exalumnos de Harvard) reduce incluso la probabilidad de muerte. No necesitas un perro para hacerlo, pero un perro te obligará a hacerlo.

Yo podría haber dedicado mi último libro, *Do Improvise*, a nuestro perro. Cuando escribo, me quedo atascado en el mundo mental. Como siempre queda trabajo por hacer, siento que tengo que seguir. Sé que un paseo corto es el mejor tipo de pausa para romper un bloqueo creativo, pero me resulta difícil actuar en consecuencia. *Cosmo*, que era mezcla de labrador, siempre estaba deseando pasear, lo cual me ayudaba a salir. Muchas veces los paseos que daba con él me desatascaban. Ahora que ya no está con nosotros tengo que hacerlo solo.

Conectar con algo fuera de nosotros mismos ayuda a que la pausa se convierta en parte de nuestra vida. Algo que funciona muy bien es tomar cosas prestadas de otras culturas o subculturas. Se puede beber del lenguaje y las costumbres de la gente, de lugares o contextos que funcionan a un ritmo diferente al nuestro, creando así tanto una oportunidad como una obligación de detenerse. Ayuda a adquirir otro patrón en el que la pausa ya no requiere esfuerzo alguno, sino que viene implicada en él. Lo cual trae mucha tranquilidad.

6
Herramientas

¿Cómo convertir estas ideas en acción? ¿Por dónde empezar? Hay mucho para elegir, como planificar un año sabático o contar hasta uno al entrar en una habitación. A menudo damos por sentado que dividir las cosas en pequeñas porciones las hace más manejables, y que esa debe ser la forma de empezar. Pero en este caso no es necesariamente así. Cada uno de los diferentes niveles prácticos que hemos explorado en los tres capítulos anteriores —de hábitos, diseño y cultura— tienen una personalidad diferente, pero no son una secuencia de pasos.

Aquí la única autoridad eres tú. Nadie más te puede decir lo que quieres o necesitas porque solo tú sabes cómo te sientes. Así que empecemos por ahí. Parece evidente que la idea de «pausa» te resulta atractiva, o de lo contrario no estarías leyendo esto. Pregúntate: «¿Qué es?», «¿Qué es lo que me atrajo de este libro?», «¿Por qué lo estoy leyendo ahora?», «¿Quiero sentirme menos agitado o agitada?», «¿Tener más ideas?», «¿Conectar mejor con las personas que amo?», «¿Conocer a gente nueva?», «¿Tomar mejores decisiones?», «¿Apreciar lo que ya tengo?». Puede que simplemente tengas curiosidad por saber qué ocurriría si lograras hacer algo de espacio.

Tómate un momento para identificar qué es lo que te interesa de todo esto. Tal y como dijo el ensayista William Hazlitt: «Todo lo que interesa es interesante». ¿Qué sientes que te gustaría crear para ti mismo? Tómate un momento para reflexionar sobre ello. Puede que, mientras leías, algunas ideas te hayan llamado la atención. En ese caso, anótalas. De lo contrario, pregúntate qué te gustaría trabajar, o, si eso te suena demasiado serio, con qué te gustaría jugar. No busques una respuesta rápida y definitiva, solo piensa en ello durante un rato. Deja que tu inconsciente comience también a trabajar y fíjate en lo que surge (ahora o más tarde). Ves, ya estás haciendo una pausa y no ha sido tan difícil, ¿verdad?

Esta pequeña introspección te aporta cierto encuadre. Para crear a partir de esas intuiciones, te voy a ofrecer tres herramientas que te ayudarán a analizar de manera más sistemática cómo empezar a practicar la pausa.

1. Crea un calendario de pausas

Lo primero es el calendario o el diario. Es la herramienta que todos usamos para organizar nuestro tiempo. Lo llamemos como lo llamemos e independientemente de su apariencia, sea en formato papel o electrónico, todo diario es igual en un sentido: la maqueta incluye algún tipo de línea que está dividida en segmentos claramente delimitados. Un diario trata el tiempo como un bien objetivo, fijo, lineal y unidimensional.

Si uno quiere hacer más pausas, conviene cuestionarse este tipo de pensamiento. Aquí tenemos mucho trabajo que hacer. He aquí un reto para los diseñadores de herramientas del mundo, proporcionarnos diarios con más matices y no tan brutalmente lineales. Te animo a unirte a la causa y jugar con tu propio calendario, porque da forma a cómo vivimos el tiempo, lo cual es limitante. Te voy a poner un ejemplo como un punto de partida que tomo prestado de Justin Wise (el coach integral que saca a sus clientes a pasear).

Justin se inspiró en los músicos Amanda Palmer y Henry Rollins. Cuando Palmer fue madre no podía tocar ni ir de gira; sintió que estaba abandonando su carrera. Así que tomó prestada una idea de Rollins. Él alterna lo que llama «años para inhalar», cuando está absorbiendo nuevas experiencias, con «años para exhalar», cuando está de gira y trabajando. Palmer utilizó esta idea para encuadrar el tiempo con su bebé como un «año para inhalar».

Justin adoptó este mismo vocabulario y decidió marcarlo en su calendario. Dividió su tiempo entre «inhalar» y «exhalar». El «tiempo para exhalar» es cuando está enseñando, escribiendo o haciendo trabajo para clientes. El «tiempo para inhalar» es cuando está leyendo, estudiando, caminando o simplemente pasando tiempo con gente que le parece interesante. Esto aporta una nueva dimensión al calendario normal.

Justin combina los días de «inhalar» y «exhalar» de diferentes maneras para conseguir la mezcla que busca a lo largo de periodos más largos, de semanas o meses. Utiliza calendarios de Google coloreados de diferente manera, donde los colores representan cómo siente cada tipo de tiempo. Esto le permite ver cuál es el que quiere tener. No siempre puede cumplirlo y explica que el «tiempo para exhalar» normalmente invade el «tiempo para inhalar», y no al revés. Pero eso también le está diciendo algo. Le hace ser más consciente de lo que está ocurriendo y evita que todo acabe revuelto en un borrón indiferenciado.

Puedes utilizar estos términos o, mejor aún, inventar los propios. Si estructuraras tu calendario en capas de tiempo, ¿cuáles serían esas capas? ¿Qué tipos de tiempo identificarías? En lugar de inhalar o exhalar, podrías tener:

— *Tareas, aprendizaje, amores, distracciones*
— *Mente, mano, cuerpo, corazón*
— *Yo, tú, ellos, nosotros*
— *Dinero, belleza, diversión*

Podrías utilizar colores o algún otro elemento visual para representar cada una de estas categorías en tu calendario. En lugar de agujeros o huecos, las pausas aparecerían como botones para pasar de un tipo de tiempo a otro. Así verías si tienes suficiente «belleza» o «diversión» para dejar fuera el «dinero». O podrías detectar que es momento de hacer algo con (o para) la «mano». Tu calendario puede ser algo más que una lista de obligaciones. Con un poco de imaginación, te puede ayudar a componer una vida más que a organizar tu tiempo, de manera que lo puedas emplear en lo que tú quieras, no en lo que se supone que tienes que querer.

2. Capas de ritmo personal

La segunda herramienta también es un préstamo adaptado, pero esta vez del escritor y medioambientalista Stewart Brand. Es la idea de «capas de ritmo». Se le ocurrió mientras pensaba en *Cómo aprenden los edificios* (escribió un libro con este título) y lo desarrolló en *The Clock of the Long Now*.

La idea es que diferentes áreas o actividades tienen, por naturaleza, diferentes velocidades, así que, mientras que la geología se mueve en una escala de millones de años, la biología lo hace más rápido y la cultura aún más. La infraestructura se mide por décadas, los negocios y el comercio tienen ciclos anuales, la moda es estacional y las *start-up* tecnológicas son quizás las más rápidas de todas.

Este libro está organizado en hábitos, diseño y cultura sobre la base de una observación similar: que nuestro comportamiento tiene capas, algunas de las cuales se mueven más rápido y cambian más frecuentemente que otras. Lo que me interesa es usar este esquema para ayudarte a pensar dónde hacer una pausa. Dicho de manera simple, te puedes preguntar qué podrías hacer para hacer una pausa cada día, semana, mes o año (o más tiempo). Mira a cada capa y observa dónde puedes insertar algo de pausa.

Como he dicho, puedes empezar a practicar en cualquier sitio; sin embargo, tiene más fuerza pensar en múltiples capas y establecer un conjunto de prácticas que hilvanen las diferentes «capas de ritmo» de tu vida que confiarse únicamente a una. Cada capa refuerza la otra. Una pausa anual podría convertirse en parte de tu cultura personal y darte el espacio para reflexionar sobre cómo construir nuevos hábitos. Trabajar con el sistema de capas es mucho más alentador para dar forma a tu vida que la lucha unidimensional por encontrar el equilibrio entre trabajo y vida.

Así que tómate un rato (¿un minuto, una hora, un día?) para pensar sobre cada uno de estos periodos de tiempo y dónde encaja la pausa. ¿Qué haces ya sobre lo que podrías construir? O ¿qué podrías comenzar a hacer? No seas servil ni pienses que tienes que considerar todas las posibilidades, en su lugar, intenta consolidar la práctica de la pausa en al menos dos capas distintas. Esto te permitirá, como mínimo, pensar en el tiempo de una manera diferente y no lineal.

3. El escáner

La tercera herramienta es un tipo de escáner basado en la idea de las capas de ritmo. Es una forma de visualizar cómo *sientes* el tiempo para que puedas entender con mayor detalle cómo y dónde podrías introducir algo de pausa. Te permite ampliar cualquiera de las capas y obtener más textura.

Necesitarás un folio y un bolígrafo.

Usaremos el sistema de lenguaje binario de unos y ceros para representar dos tipos de experiencia diferentes.[4] Utilizaremos el «1», fuerte, conciso y directo, para actividades o momentos intensos y atareados. Lo llamaremos «velocidad» para abreviar. Usaremos el «0», vacío y redondo, para experiencias tranquilas y espaciosas que llamaremos «espacio» para abreviar. Las pausas pertenecen a esta categoría. Así que los unos son velocidad, los ceros son espacio.

Elige ahora un periodo de tiempo que quieras considerar: un día, una semana, un mes, una estación, un año o una vida. No le des muchas vueltas, el ejercicio es rápido y fácil y, de todas formas, lo bueno es hacerlo con más de un nivel de la escala. Simplemente elige uno con el que empezar. Utiliza todos los unos y ceros que quieras y no seas rígido, adjudicando dígitos a cada hora o media hora. No estamos hablando de esos fragmentos de tiempo de reloj cuidadosamente delimitados sino de cómo los percibes tú. Es decir, puedes adjudicar tres ceros a ese agradable trayecto al trabajo en un tren medio vacío para representar las sensaciones que te provocó, incluso si solo fueron veinte minutos.

Como ejemplo, anotaré mi jornada de ayer. Sin pensar demasiado, repaso el día y utilizo unos y ceros para representar cómo lo *sentí*.

Así es como se ve mi día de ayer:

---

4 Este tipo de anotación es una adaptación de una idea desarrollada por mi amigo Adam Morgan, de Eatbigfish, que él llama «pulsado». Generosamente me ha dejado utilizarlo aquí.

O I I I O I I I I I I I I I O I I I I I I I I I O O O O O O O

El primer cero representa el momento de preparar el café en la cocina, a primera hora de la mañana, cuando todavía está oscuro. Luego un arrebato de escritura, un respiro (para más café) antes de una serie de intensas llamadas de trabajo consecutivas. Después, un pequeño descanso tras la comida, más llamadas, otro momento de escritura y finalmente, gloria al cielo, la tarde con amigos en su nueva sauna, hasta bien entrada la noche.

Al contemplarlo, lo que más me interesa es la forma y el contraste (o la falta de este). En general, hay un buen equilibrio entre unos y ceros, pero todos esos unos juntos durante el día no me sentaron muy bien. ¿Quizás podría distribuirlos mejor? ¿Podría ser un buen momento para introducir algún tipo de micropausa?

Tengo que hacer las llamadas, eso no lo puedo cambiar, pero ¿qué tal si salgo un momento entre llamada y llamada, solo un minuto? Si funciona, podría establecer una regla para mí mismo según la cual no podría comenzar una nueva llamada sin haber salido fuera un momento. Incluso un ejercicio momentáneo como este me podría permitir conectarme con mi cuerpo y las otras inteligencias que hay en él. O podría hacer algo para «centrarme», generando calma y quietud internas por un minuto, entre llamadas. Darle nombre —aunque sea algo tan cursi como *Call Center*—, podría ayudarme a convertirlo en hábito.

Esa retahíla de ceros por la noche fue genial y novedosa. No es habitual en mí, y la sauna fue una estupenda forma de recuperarme de un día intenso (ahora, a la mañana siguiente, todavía puedo sentir sus efectos). Aunque no lo puedo hacer cada día, puedo pensar cómo hacerlo otra vez, quizás de manera regular. Podría pedirle a mi amigo Roland que estableciéramos un patrón semanal y hacer de las

«Saunas Dominicales» una experiencia compartida y parte de la cultura de nuestro grupo de amigos.[5]

Probemos a otra escala, el año transcurrido hasta ahora (estamos en septiembre). Voy a echar la vista atrás en mi diario un momento, para recordar qué estaba haciendo hace meses, pero solo brevemente. No estoy intentando rastrear cosas en detalle.

Aquí está el año tal y como lo veo:

I I O I I O O O O I I I I O O O I I I I I I I I I I I

Comencé con un intenso programa en Oxford, seguido de un breve periodo de calma. Después, el trabajo centrado en la propuesta para este libro (la segunda retahíla de unos). A continuación pasé un par de meses investigando, leyendo y entrevistando a personas, algo que me resultó muy expansivo y abierto, de ahí todos los ceros. De vuelta en Oxford, la sustitución de un colega en la dirección de un importante programa mientras continuaba trabajando en el libro. Todo esto se vio interrumpido por una fabulosa pausa para navegar por los fiordos de Noruega. Solo fueron unos días pero su efecto fue enorme, así que le puse tres ceros. El resto ha sido una retahíla de unos escribiendo este libro, sin interrupción.

Me fijo en la larga sucesión de unos que representan la escritura. ¿Es esa una buena manera de pasar el verano?, me pregunto. Siempre he dado por sentado que en verano las cosas se paran porque hace calor, pero este año ha sido un periodo realmente productivo para mí. Así que el año que

---

viene puede que planifique unas vacaciones en septiembre y acepte otro proyecto de escritura durante julio y agosto.

Los detalles de mis patrones de actividad no son importantes. La idea es ilustrar cómo este ejercicio hace visibles las cosas y te hace pensar. Poder ver el aspecto de tu día (o mes, año o vida) te permite decidir dónde quieres poner tu atención y cómo podrías utilizar las pausas para cambiar un patrón de actividad que no funciona. Piensa que no hay patrones buenos ni malos, salvo cuando los defines para ti mismo. Todos somos diferentes; a ti te puede permitir crecer un patrón que a mí me frustraría.

Puedes fijarte en el día de ayer, como hice yo, o en la semana pasada, en el año pasado o en el año que viene, en toda tu carrera, tu futura jubilación o cualquier periodo que te interese. Puedes hacerlo retrospectivamente, para entender el pasado y su sentido, o prospectivamente, para esbozar cómo te gustaría que fuera el día, la semana, el mes o el año siguientes.

Sea cual sea el periodo elegido, este ejercicio te podría dar pistas sobre dónde te interesa integrar una pausa. En este punto, la idea de practicar es importante. Como la propia palabra indica, practicar consiste en probar algo, no en hacerlo bien desde el principio. Busca puntos de partida, no respuestas: «algo que estaría bien probar», no «lo que sería correcto hacer».

En cualquier caso, no hay forma de hacerlo de una manera «correcta», lo que significa que tampoco se puede hacer mal. Así que experimenta. Vivirás una experiencia de algún tipo. Toma nota de esta experiencia. Si te ha resultado interesante, útil o valiosa, si ha provocado que pienses, si ha sido desconcertante, curiosa o divertida o te ha enganchado de alguna manera, repítela. De lo contrario, prueba otra cosa. Empeñarse mucho, tensar o forzar las cosas es contraproducente. Es el tipo de actitud y energía de la que estás intentando alejarte. Si tienes que esforzarte mucho para que suceda, puede que este no sea el momento. Date a ti mismo la opción de dejarlo para más tarde: pausar la idea de hacer una pausa.

De todas maneras, a pesar del mucho espacio de maniobra del que dispones en este sentido, también es importante aceptar que, a algún nivel, consciente o inconsciente, la pausa es cuestión de elección. Nadie tiene una vida tan implacable como para no poder parar y hacer una pausa. Si piensas que estás demasiado ocupado u ocupada, te estás engañando a ti mismo o a ti misma. No se trata del tiempo del que dispones pues, tal y como hemos visto, la pausa puede ser muy corta. Sean cuales sean tus circunstancias, seguro que puedes hacer algo. Tendrás que trabajar en ello pero, si realmente quieres hacer una pausa, encontrarás la manera de hacerla. Si no lo haces, no la encontrarás. Depende totalmente de ti.

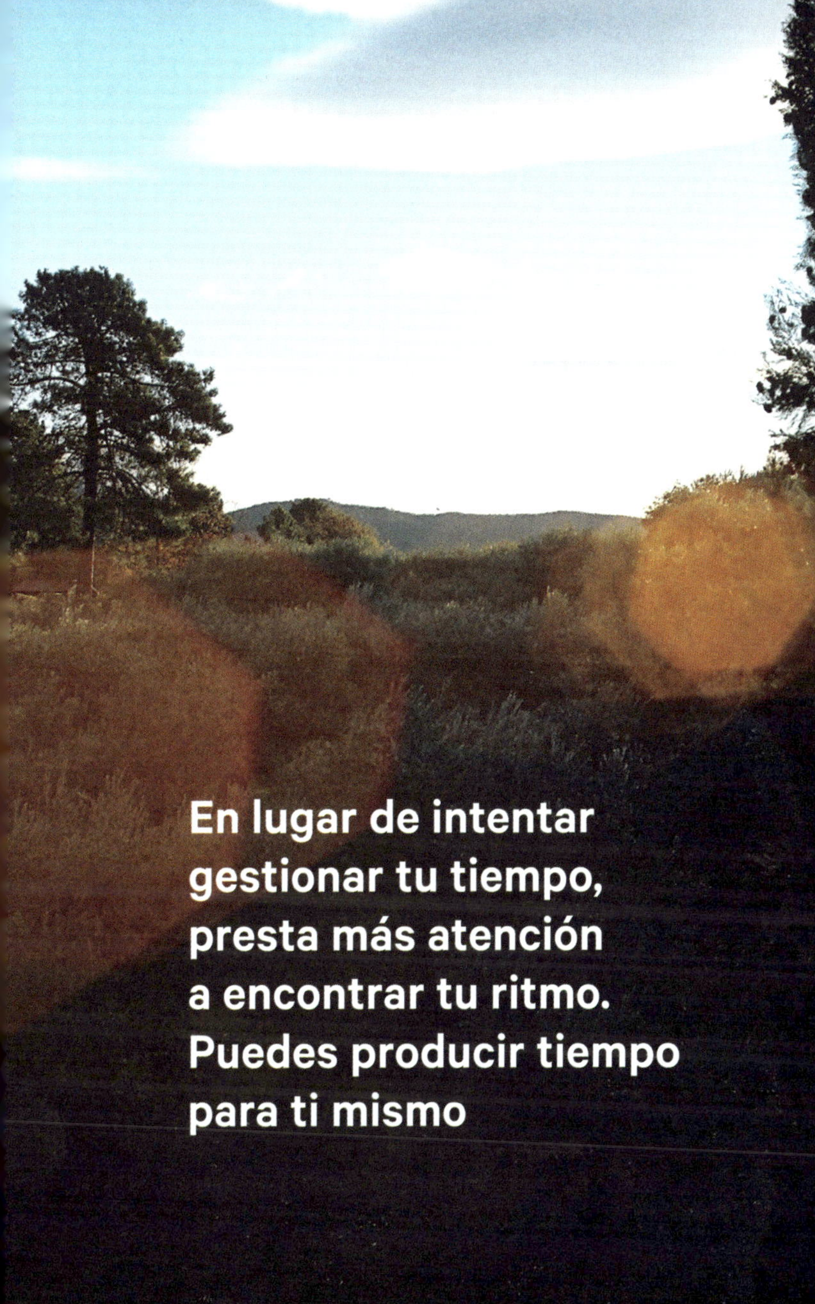
En lugar de intentar
gestionar tu tiempo,
presta más atención
a encontrar tu ritmo.
Puedes producir tiempo
para ti mismo

7
Tiempo para hacer una pausa

Analizar la idea de la pausa en profundidad ha sido fascinante. Tener la oportunidad de leer, investigar, reflexionar y experimentar con ello ha sido a la vez fructífero y divertido. Como consecuencia, estoy convencido de que si uno quiere aprovechar mejor la vida, es más útil pensar dónde y cómo hacer una pausa que intentar encontrar un equilibrio «trabajo-vida». Aunque suene simple, sus consecuencias son de gran calado. Conlleva cambiar nuestra concepción del tiempo y cómo vivimos en él. Nos invita a pensar de otra manera sobre cómo funcionan nuestras mentes y nos anima a jugar dando forma y diseñando nuestra propia experiencia. Lo cual, a su vez, significa cuestionar supuestos fuertemente arraigados, incluyendo la idea de que cuanto más hacemos, mejor.

Aspirar a hacer tanto como sea posible es una idea tan extendida que se da por sentada. Este enfoque es suficientemente lógico y funciona bien, hasta cierto punto. Sin embargo, tiene un rendimiento decreciente. La lógica se desmorona porque intentar abarcar cada vez más tiene consecuencias negativas —el estrés y la tensión son las más obvias— que antes o después acaban superando a los beneficios, y siendo contraproducentes. Más se convierte en menos. Si estás constantemente agobiado, no eres la mejor versión de ti mismo: ni te sientes bien, ni rindes bien. «Corres y corres para tocar el sol, pero se está poniendo, apresurándose para volver a salir detrás de ti otra vez», decía Roger Waters.[6] El círculo puede volverse vicioso: puede llevar al *burnout*.

Bajo esta (fracasada) estrategia subyace una idea muy poderosa: que el tiempo es un bien escaso, y que, por tanto, deberíamos utilizarlo de manera eficiente. Benjamin Franklin contribuyó más que nadie a popularizar esta noción, sobre todo con su frase «el tiempo es dinero», que es la mejor definición de dicho punto de vista. Esa creencia ha tenido tal éxito que hoy en día raramente ponemos la frase en duda. Simplemente parece la verdad.

Pero no lo es. Tendría sentido si fuéramos máquinas, pero no lo somos. Nuestra realización personal no resulta de ser tan eficientes como sea posible. El tiempo, tal y como lo percibimos, no está hecho de unidades regulares e intercambiables; no sentimos cada minuto, hora, día o año de la misma manera. El tiempo es un aspecto de nuestra experiencia, no una mercancía. Cuando se nos fuerza a seguir el ritmo regular del metrónomo, como en una cadena de producción, la vida se vuelve insulsa y deprimente. Ese tipo de trabajo destruye el alma: los robots lo hacen mucho mejor (y ellos, que nosotros sepamos, no tienen alma).

La buena comida, la música, el arte, la poesía, la filosofía, la ciencia o el buen sexo no son el resultado ni la expresión de la eficiencia. La belleza, la alegría, la risa, el amor, la amistad y la comunidad tampoco le deben nada. Hasta un ingeniero en busca de una solución a un problema mecánico muestra satisfacción en términos estéticos cuando se le ocurre una solución «elegante». Utilizar la eficiencia como vara para saber si aprovechamos bien nuestro tiempo es un error.

———

6 Pink Floyd: *Time*.

Esto es así porque no somos lineales. La mente humana es mucho más compleja de lo que podemos imaginar, hasta un punto que somos incapaces de comprender. Posee capacidades que contrastan y están desconectadas las unas de las otras, o que son incluso contradictorias. Lo sabemos gracias al arte, la ciencia, la filosofía y a la introspección diaria. La mente no es unitaria ni uniforme: es algo multiesplendoroso y muy irregular.

El estudio de nuestra psicología es reflejo de ello. Muchos psicólogos han sugerido que en cada uno de nosotros existen mentes separadas que perciben y entienden el mundo de formas radicalmente diferentes. A menudo, estas diferentes capacidades de la mente se desconocen entre sí. Freud nos habló del compartimento escondido del subconsciente. Daniel Kahneman tiene el «Sistema 1» y el «Sistema 2» para *Pensar rápido, pensar despacio* en su libro del mismo nombre. Carol Dweck, que inventó los términos «mentalidad fija» y «mentalidad en crecimiento», dice que todos tenemos las dos. Iain McGilchrist habla del amo y su emisario (*The Master and His Emissary*). Guy Claxton diferencia dos en su libro *Cerebro de Liebre, mente de tortuga*.

Existen diferencias importantes entre estas teorías: sus autores no están utilizando simplemente palabras distintas para decir lo mismo. Aun así, todos comparten la idea de que en el cerebro hay algo más que el pensamiento consciente y racional al que normalmente nos referimos cuando utilizamos esta palabra. Apuntan a que, en efecto, tenemos (al menos) dos tipos diferentes de mente.

En ese caso, es una pena y un desperdicio usar solo una de ellas. En un mundo dirigido por la tecnología, obsesionado con la eficiencia, existe el riesgo de que hagamos precisamente eso y le demos una importancia indebida a la parte de nuestras mentes que más se parece a las máquinas; al pensamiento verbal y consciente con el que más nos identificamos. Este modo dominante es «vocal y habla en representación de sí mismo» e ignora las virtudes de otros tipos de mente, lo cual hace que el riesgo sea aún mayor. McGilchrist lo describe como «el Berlusconi del cerebro» porque «controla los medios». Convencido de que las respuestas residen en ese mismo tipo de pensamientos, nos empuja a continuar, a esforzarnos más y a hacer más trabajo mental del mismo tipo. Si eres un martillo el mundo te parecerá clavos. Si siempre estás en actitud de solucionar problemas, todo te parecerá un problema.

Y aquí es donde entra en juego la pausa. Es el antídoto a la dominante y simplista idea de la actividad sin descanso. La pausa actúa como un interruptor que te da acceso a otros aspectos de tu naturaleza, a esas «otras mentes». Igual que la levadura levanta el pan, la pausa aligera y enriquece nuestra vivencia. Nos permite pensar de otra forma, usar otras cualidades mentales: la imaginación, la emoción, la asociación, la intuición, la contemplación. Aporta intensidad de sentimientos, nos ayuda a percibir el todo además de las partes, da importancia a las relaciones y no solo a los objetos y nos invita a apreciar además de analizar. La pausa deshace el efecto aplanador que la tecnología tiene sobre el tiempo y le devuelve cierta profundidad. Es recreacional. Nos da la oportunidad de observar nuestro estado de ánimo, no la agenda. La pausa es un portal a través del que se puede acceder a otras capas de tiempo que no se pueden reducir una a otra. Lo puede hacer en un momento o a lo largo de un periodo más largo.

Con una pausa de un momento, por ejemplo, podemos comprobar nuestros reflejos (en dos sentidos: qué son y cómo están). Podemos comprobar cómo nos encontramos interiormente e interrumpir las respuestas rápidas y automáticas que se activan normalmente (el pensamiento rápido del «Sistema 1» de Kahneman). La barra atravesada en la

La pausa deshace
el aplanamiento
del tiempo
impulsado por
la tecnología y le
devuelve algo
de profundidad

puerta del zendo o el contar hasta uno antes de entrar en una estancia nos permiten acceder a la mente más reflexiva (similar al «Sistema 2» de Kahneman).

Johnnie Moore, fundador de «Unhurried Conversations», me puso en una ocasión un claro ejemplo de esto último. Una noche, mientras volvía a casa en bicicleta, Johnnie le tocó el timbre a alguien que se encontraba pasmado de pie, en medio de la carretera, delante de él. El hombre, que estaba borracho, se enfadó. Persiguió a Johnnie hasta el siguiente semáforo y se enfrentó a él. Johnnie se paró un momento y lo miró. Se sorprendió a sí mismo pidiendo disculpas en lugar de defenderse o atacar verbalmente. Pillado de improviso, el hombre también se disculpó y la escena acabó con ambos dándose la mano en lugar de puñetazos. En retrospectiva, Johnnie se dio cuenta de que había estado practicando para esto sin darse cuenta, trabajando con técnicas de improvisación diseñadas para superar las respuestas automáticas. La pausa había creado un espacio lo suficientemente grande para que pudiera acceder a ese aprendizaje y superara su reacción instantánea.

Una pausa más larga representa un tipo de oportunidad diferente para involucrar un tipo de mente diferente. Le da al inconsciente inteligente —lo que Claxton llama la «submente»— la oportunidad de intentar solucionar un problema, aplicando un pensamiento cualitativamente más asociativo y creativo. Dos mentes son mejores que una, sobre todo cuando las dos mentes en cuestión tienen formas tan diferentes de tratar las cosas. Por eso «consultarlo con la almohada» funciona. Es también por esto que los escritores intentan *no* parar al final de una sección de texto y dejar comenzado el siguiente antes de tomar un descanso. De esta manera, esa mente más tranquila ya está trabajando imperceptiblemente y en segundo plano en la siguiente parte, a su tangencial y ociosa manera. Al volver al escritorio, todo esto aporta nuevos puntos de vista que han emergido durante el intermedio. Es esta «submente» la que fertiliza la pausa, y nos lleva a esos momentos eureka más visibles.

Dado que la «submente» no «es dueña de los medios», a menudo su trabajo resulta invisible y son otras las facultades que se llevan el mérito, como ocurre con frecuencia en las organizaciones, cuando no se presta atención a las aportaciones de personas silenciosas. Esta capacidad creativa de solucionar problemas, y la pausa que requiere, están por ello amenazadas por la mentalidad de la «eficiencia», para la cual todo lo que parezca una «divagación mental» es tiempo perdido más que una fuente de conocimiento o nuevas conexiones. Sin embargo, la «redundancia» o la «variedad necesaria» están siempre integradas en cualquier sistema natural: cosas que todavía no son útiles pero podrían serlo un día. Mi mujer piensa que nuestro sótano está lleno de porquería: yo lo veo como una fuente de material para solucionar problemas que aún no han ocurrido.

A una escala aún mayor, las pausas también aportan perspectiva y permiten pensar en el tipo de cuestiones que solo se pueden abordar de forma oblicua. Es por ello que los retiros que organizo son regeneradores. La gente entiende de otra manera los problemas a los que se enfrenta, lo que más le importa o quiénes son realmente. Desconectar de la actividad diaria les permite conectar con el lado más contemplativo de su naturaleza. Los diferentes ritmos les permiten percibir estímulos más sutiles, suaves y esquivos, conectar con la imaginación y tejer conjuntos de conexiones complejos. En medio de la actividad incesante, este tipo de experiencia simplemente no está disponible. Chris Riley pasó el primer día de un Fin de Semana de Lectura «observando su propia ansiedad» y la frustración que sintió venía de la mente que estaba acostumbrada a estar ocupada.

Cuando se encontró a sí mismo resolviendo problemas que no sabía que tenía, fue porque estaba dando espacio a un tipo diferente de mente y esta entró en juego.

Por ello, detenerse actúa como un puente entre una mente, o una forma de ver y comprender el mundo, y otra. No es otra tarea que tengas que meter como sea en tu lista de quehaceres, sino un interruptor con el que pasas de un modo a otro. Somos una amalgama de todos estos modos y una vida bien vivida implica sin duda ser capaz de experimentar con cada uno de ellos. Puede que nuestras vidas sean un trance, «una corta pausa entre dos grandes misterios», tal y como lo describió Carl Jung, pero en ese caso hacer una pausa puede permitirnos cambiar un trance por otro y comprender de manera más profunda la interminable variedad que nuestras vidas pueden llegar a albergar. Por eso la pausa no es solo el medio para un fin, sino el fin en sí mismo. Es la oportunidad de experimentar el tiempo, la vida y a nosotros mismos de forma diferente. La vida consiste en algo más que en hacer cosas.

A nivel práctico, la pausa es una idea sencilla de una profundidad y variación extraordinaria. Te aporta un único punto de atención pero una enorme cantidad de cosas para probar, acordes con tu temperamento o con la situación. Es fácil de entender y recordar. Puede ayudar a nivel individual o colectivo, en casa o en el trabajo. La pausa no es ni un truco cortoplacista para mejorar la productividad, ni un complicado y lento proceso que nos obliga a rediseñar toda nuestra vida. Es un portal a un tipo diferente de comprensión, apreciación y vivencia del tiempo, uno que no es lineal. El tiempo ya no es una línea cortada en rodajas cada vez más finas, sino un conjunto de capas, con profundidad y volumen, en las que te puedes sumergir o entre las que puedes ir eligiendo, cada una con cualidades y propiedades diferentes.

Esto nos libera del yugo de la mentalidad de la eficiencia. En lugar de intentar hacer aún más, nos centramos en sacarnos cosas de encima, permitiéndonos hacer una pausa y movernos entre diferentes tipos de vivencia. Stefan Klein lo llama «la nueva cultura del tiempo» y argumenta que «dando más vida a nuestro tiempo, le damos más tiempo a nuestra vida». En lugar de intentar gestionar tu tiempo, prestas más atención a encontrar tu ritmo. Tú puedes fabricar tiempo para ti mismo.

La mayoría de las personas piensan que el tiempo es eso que marca el reloj. El tiempo es «tiempo de reloj» y nos lo imaginamos fluyendo, ahí afuera en el mundo, de forma regular y uniforme: absoluto e imparable. Sin embargo, el tiempo no es regular, ni uniforme, ni objetivo y para nada está «ahí afuera». Al menos no según Einstein, en todo caso.

En esencia, Einstein revisó la forma en la que los físicos piensan sobre el tiempo. Demostró matemáticamente que el tiempo es relativo. A la pregunta de qué significaba aquello, respondía: «Cuando estás sentado con una chica agradable, dos horas parecen dos minutos. Si te sientas en un horno caliente durante dos minutos, parecen dos horas. Eso es la relatividad».

Su ejemplo estaba basado en la percepción, pero lo usaba como metáfora para describir la realidad material del tiempo. Esa diferencia no es solo una percepción. Si mides el tiempo con el suficiente detalle, descubrirás que es cierto. Lo que afirmaban las teorías de Einstein y ha confirmado la observación *a posteriori* es que el tiempo en sí no es constante, ni objetivo, ni universal, ni absoluto. El tiempo es local. Cómo fluye depende de dónde estamos con relación a otras masas (concretamente grandes masas, como la tierra) y la velocidad a la que vayamos. Hay menos tiempo escaleras abajo que arriba (en serio). No existe un solo tiempo. Esto no significa que no haya tiempo: significa que hay muchos tiempos y que ninguno de ellos es el tiempo «correcto». El físico Carlo Rovelli lo explica así: «La unidad "tiempo" se funde en una telaraña de tiempos». La escritora Jay Griffith va más allá. Afirma que «toda forma de describir el tiempo es ideológica, aunque de manera invisible», y apunta que «la naturaleza conoce un millón de variantes de tiempo».

Esto me resulta liberador. Significa que nuestra percepción no está tan reñida con la realidad como creemos. Parece una invitación (¿del universo?) a quitarnos la camisa de fuerza del «tiempo de reloj» y su malvada compañera, la eficiencia, y a que juguemos con el tiempo para nosotros mismos, para hacer de él lo que queramos. La pausa pertenece a ese mundo, irregular y sin reglas, que desafía la definición y nos llama a cada uno de nosotros a establecer, a nuestra manera, una relación diferente con el tiempo en sí.

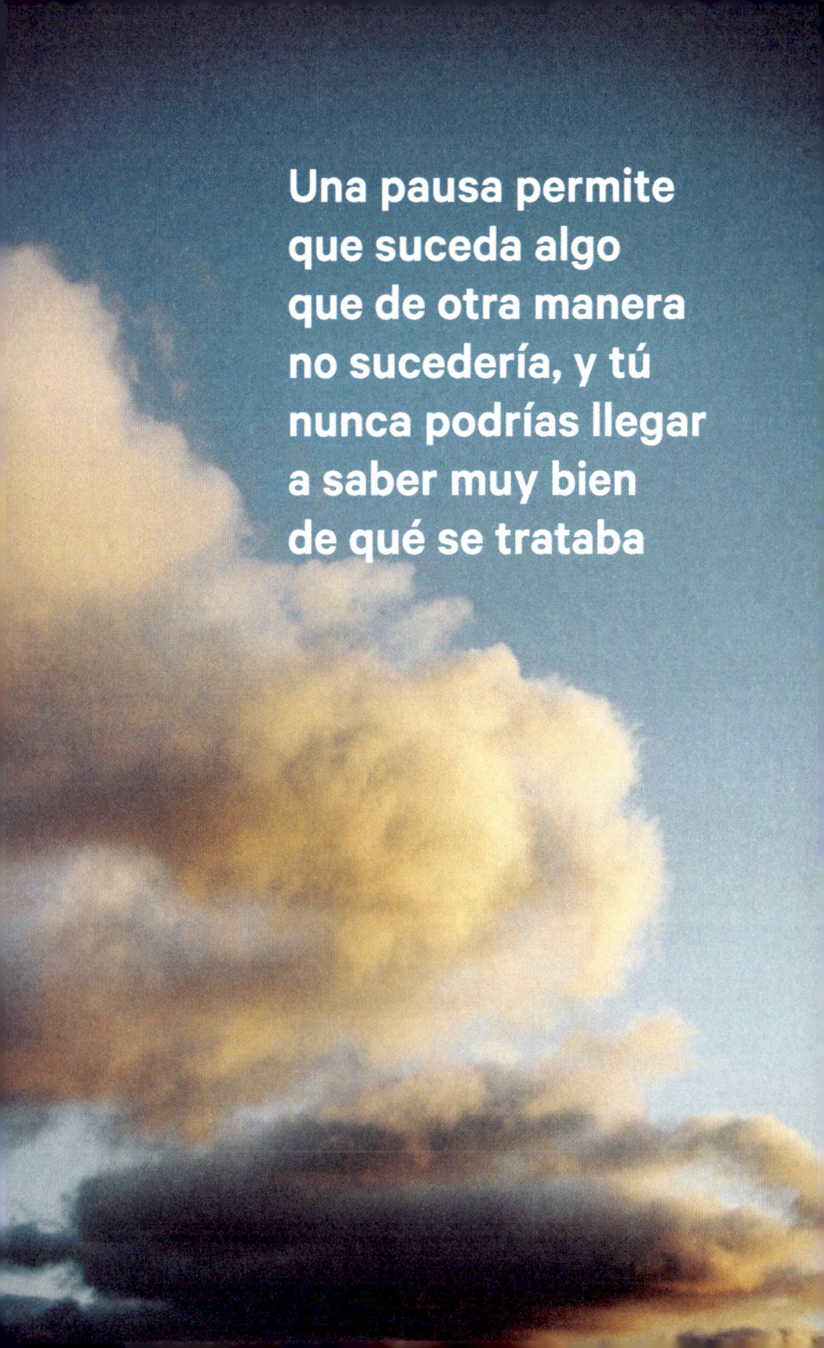

Una pausa permite
que suceda algo
que de otra manera
no sucedería, y tú
nunca podrías llegar
a saber muy bien
de qué se trataba

Epílogo

Escribir un libro sobre un tema como «la pausa» representa para quien lo hace la oportunidad y creo que la obligación de aceptar el desafío personal de poner en práctica aquello que escribe. Durante el proceso me volví más sensible al fenómeno de la pausa y, como resultado, acabé aprendiendo y beneficiándome a muchos niveles. Para mí el proyecto hubiera valido la pena incluso aunque nunca hubiera acabado el libro.

Hubo una pausa larga desde el momento en el que surgió la idea inicial, en febrero de 2015, hasta que se convirtió en un proyecto vivo en enero de 2018. En dicho periodo existió lo que Steven Johnson llamaría «una corazonada lenta», una silenciosa recopilación de ideas y material relacionado. Esto me permitió analizar mis pensamientos desde muchos ángulos y ensayar ideas con diferentes personas. Tuve tiempo para comprobar si sentía que era algo que realmente valía la pena. Gracias a un periodo de gestación así de largo, cuando me puse a ello pude acabarlo rápidamente.

Tomé la decisión de comenzar en serio durante una pausa, como suele suceder con la mayoría de decisiones, concretamente durante una visita que me hizo Alex Carabi. Los largos paseos que dimos dieron pie a extensas conversaciones que me sacaron de mi rutina. Fue durante uno de esos paseos cuando tuve la perspectiva suficiente para darme cuenta de que había llegado el momento de empezar. Lo digo en sentido totalmente literal: en ese momento me encontraba en la cima de una montaña.

La visita de Alex me sirvió de inspiración para organizar deliberadamente otro par de visitas de amigos que sabía podrían ser buena compañía, y hacer que coincidieran con el periodo de escritura. También planifiqué un viaje solo, ir a navegar a Noruega. No estaba seguro cuál sería su resultado, pero eran «puntos de apoyo futuros»: tiempo planificado con antelación durante el que no estaría escribiendo.

Esas pausas funcionaron de diferentes formas: una la utilicé para pensar en voz alta, otra para dejar el libro a un lado y permitir que el «subconsciente» hiciera su trabajo. El viaje a Noruega fue un clásico ejemplo de cómo el tiempo se abre en una pausa. Solo duró unos días pero me pareció tan profundo y amplio como el océano por el que navegaba.

Lo que no pude anticipar fueron las pausas no planificadas que sucederían por el camino. Sustituir a mi colega de Oxford Tracey Camilleri cuando fue diagnosticada de cáncer me separó de la escritura de manera inesperada. Nos puso a prueba a mí y a mi forma de pensar y aun así permitió que las ideas maduraran de manera productiva. También creó un espacio receptivo. En Oxford me topé con el libro de Carlo Rovelli *El orden del tiempo*, que acabó siendo un importante punto de inflexión. La forma del primer capítulo también surgió durante ese periodo, mientras estaba ocupado con otras cosas, lo cual demuestra que el cambio es tan bueno como el descanso. Si acaso, más que postergar cosas, ese tiempo muerto las aceleró y no me salté ni un solo plazo de entrega.

El proceso de escribir en sí también sirvió de campo de pruebas para la pausa. Me organicé utilizando lo que llamé el método «Darwin-Lubbock». No se trata de una fórmula para ajustar marcadores en un partido de críquet interrumpido por la lluvia, sino un patrón para trabajar a impulsos, con pausas, con base en cómo Charles Darwin, a grandes rasgos, solía trabajar (al parecer su vecino, Sir John Lubbock, otro personaje de éxito, hacía algo similar, de ahí el nombre). Darwin solía pasar una o dos horas concentrado en su estudio y luego salía a dar una vuelta o se iba a pasar el rato a su invernadero.

Lo adapté a mi manera y me inventé un sistema de trabajar en tramos de noventa minutos cronometrados, con descansos u otra actividad (a menudo al aire libre) en el medio. Mi objetivo era hacer al menos una y no más de tres sesiones al día. Esto me permitió reconciliar las exigencias de un proyecto largo con otros compromisos y con las tareas del hogar. También hizo que dejara de trabajar demasiadas horas y compensó el hecho de que ya no tengo a *Cosmo*, nuestro perro, que solía sacarme de paseo cuando me quedaba encallado.

No siempre funcionó. En una ocasión fue un amigo (de Utah) el que me tuvo que decir que tomara mi propia medicina y me cogiera un par de días totalmente libres. Como hubiera hecho cualquier otra persona, esgrimí todo tipo de razones por las que eso no era posible, pero en el fondo sabía que tenía razón y al final seguí su muy beneficioso consejo. A veces, las pausas que había planificado chocaban con pausas que venían impuestas y todo amenazaba con pararse. Demasiadas pausas y todo se queda por hacer.

Con el acto de la escritura en sí aprendí también a coger las riendas de mí mismo. Escribo con un ordenador y tecleo bastante rápido, con lo cual corro el riesgo de irme por la dirección equivocada a toda velocidad. Igual que sucede cuando uno se pierde en el bosque, si vas deprisa es más difícil volver sobre tus pasos. Aprendí a pausarme en el hueco entre palabras y frases, con mis dedos pendiendo sobre el teclado, avanzando lentamente, escuchando cuidadosamente al espacio, intentando sentir mi camino hacia aquello que buscaba ser dicho.

Veremos hasta qué punto tuve éxito con todo esto, pero no tengo dudas de que el libro es mejor por haber sido una experiencia y un experimento de la pausa, así como su exploración.

La vida es
algo más
que una lista
de tareas a
realizar

Recursos

Muchas de las fuentes necesarias para hacer una pausa están en uno mismo, pero existen algunas externas que pueden ayudar. He aquí algunos de los libros y charlas que me fueron útiles para escribir *Pausa*. Espero que mi *website* y mi blog (robertpoynton.com) también te resulten de utilidad.

Libros

Carlo Rovelli, *El orden del tiempo*, Anagrama, Barcelona, 2018.

Poético e inspirador: literatura científica en su mejor expresión.

Stewart Brand, *The Clock of the Long Now*, Basic Books, Nueva York, 2000.

La idea de las capas de ritmos es fascinante y tiene mucha fuerza.

Stefan Klein, *The Secret Pulse of Time*, Lifelong Books, Boston, 2006.

Una mirada más científica al tiempo y a su organización.

Jay Griffiths, *Pip Pip*, Flamingo, 1999.

Una visión provocativa y política del tiempo.

Carl Honoré, *Elogio de la lentitud*, RBA, Barcelona, 2004.

Un repaso del movimiento *slow*.

Peter Brook, *El espacio vacío*, Ediciones Península, Barcelona, 2015.

La versión del director sobre cómo evitar «el teatro mortal».

Frédéric Gros, *Andar, una filosofía*, Taurus, Barcelona, 2018.

Una exploración de la relación entre caminar y pensar.

Vídeos, conferencias y páginas web

Unhurried Conversations: *unhurried.org*

Tom Chatfield, *Diez mandamientos del pensamiento crítico*:

https://www.youtube.com/watch?v=svNTJp5pqKI

Pico Iyer, *The Art of Stillness*:

https://www.ted.com/talks/pico_iyer_the_art_of_stillness

Rotherhithe picture library: *sandsfilms.co.uk*

Vacaciones recolectando aceitunas: *bookculinaryvacations.com*

(si suficientes personas se ponen en contacto conmigo, prometo organizar un *Do Olives* especial aquí, en Arenas de San Pedro)

Long Now Foundation: *longnow.org*

Sobre el autor

Robert Poynton vive en una casa sin suministro eléctrico alimentada por placas solares en las afueras del pequeño pueblo de Arenas de San Pedro, en la España rural.

En contraposición, también pasa bastante tiempo en Oxford, pues es Miembro Asociado de la Escuela de Negocios Saïd de la Universidad de Oxford. Su trabajo allí es práctico, no académico: diseña y dirige programas de educación ejecutiva, ayudando a líderes *senior* a entender y trabajar con cambios complejos a través de un método lúdico que desarrolló a partir del teatro de improvisación. Este método surgió de esa fascinación suya de toda la vida por cómo se hace realmente el trabajo y de la creencia de que esforzarse cada vez más causa tantos problemas como resuelve. Dicho interés lo llevó también a escribir un libro como este.

Aunque viaja mucho, Robert utiliza a menudo su entorno local en su trabajo. Organiza una serie de programas y eventos creativos como los *Retiros de Lectura* o *El Fin de Semana de Ayuda* en la Sierra de Gredos y alrededores, tanto para sus clientes como para The Oxford Praxis Forum, un centro de investigación en Green Templeton College, Oxford (del que Robert también es miembro asociado).

Ha disertado y dirigido talleres en Singularity University, Do Lectures, Skoll World Forum y el Schumacher College. Es el autor de *Do Improvise: Less push. More pause. Better results. A new approach to work (and life)*, publicado por Do Books en 2013.

Está casado y tiene tres hijos. Su mujer dirige una granja de ganado vacuno orgánico.

Agradecimientos

Enormes gracias en primer lugar a Miranda West, editora y fundadora de Do Books. Ninguno de los títulos *Do* existiría sin ella, pero en este caso ella fue aún más importante de lo habitual. Defendió la idea desde el principio y se mantuvo fiel a ella durante varios años mientras mi propio entusiasmo aumentaba y disminuía. También fue paciente y no tuvo problema en hacer una pausa en el proyecto de un libro sobre la pausa. Solo espero que mis esfuerzos hagan justicia a su fe en el proyecto. A James Victore, por hacer la portada. Otra vez. Solo espero que lo que hay detrás funcione tan bien como su maravillosa imagen. Gracias a Jim Marsden por las imágenes que ejercen como pausas en el texto. Con él pasé un par de días maravillosos en España. Puede que David Hieatt sea un hombre de pocas palabras, pero las que dice, cuentan. Así que gracias a él por el subtítulo. Ha encontrado, de nuevo, una manera de describir lo que estoy haciendo mejor de lo que lo hubiera hecho yo mismo.

Ella Saltmarshe, Gideon Todes y Nick Parker pusieron en marcha este proyecto sin querer. Tras una noche de improvisación explorando el tema de la «pausa», en el pub, cada uno de ellos me preguntó cuándo saldría el libro. Gracias por ello. De otra forma no se me hubiera ocurrido.

Soy muy afortunado por tener un grupo maravillosamente diverso de personas de las que aprender sobre la pausa, cada uno con un punto de vista diferente, según su propia fuerza o disciplina. En un momento dado, cuando estaba de capa caída, me pregunté si estaba haciendo trampas al entrevistar a las personas que conocía. Pero entonces, en el trascurso de una de las conversaciones, me di cuenta de que no estaba entrevistando a nadie en concreto, sino que estaba pensando conjuntamente con ellos, y con quien mejor se piensa es con la gente a la que uno conoce, en la que confía y a la que ama. Así que mi enorme agradecimiento a todos mis maravillosos compañeros de pensamiento: Adriana Sidicaro, Alex Carabi, Amanda Blake, Antony Quinn, Bruno Poynton, Chris Riley, Claire Genkai, Dan Klein, David Keating, Ed Espe Brown, Gary Hirsch, Helene Simonsen, Helga Schmid, Hilary Gallo, Iain McIntosh, Ioana Popescu, Johnnie Moore, Jon Stokes, Justin Wise, Kay Scorah, Les McKeown, Mark Barden, Neil Randhawa, Nick Parker, Phyllida Hancock, Thomas Sandberg, Tom Chatfield y Tom Hiscocks.

Una mención especial a Nick Parker, un compañero fiel de principio a fin, que me aportó un torrente de reflexivos comentarios y consejos sobre la escritura, la mayoría muy entretenidos además de útiles. A Kay Scorah, que fue la primera persona que llamó mi atención sobre la cantidad de diferentes tipos de pausa que existen y que me ha seguido lanzando ideas. A Johnnie Moore, por estar disponible siempre y en cualquier momento y por interesarse tanto por todo el tema. A Alex Carabi por reavivar mi interés cuando el proyecto languidecía. Muchas gracias también al sesgo de confirmación que, tal y como me dijo Alex, trabaja incansablemente para uno cuando está dedicado a un proyecto como este. Le debo a David Keating un llamativo número de frases de este libro, lo cual es mucho mejor para ellas.

Más allá de todo esto, también estoy agradecido a décadas de conversaciones sobre cómo las ideas que me interesan se entrecruzan con su mundo, de las cuales la «pausa» es solo el último ejemplo.

Gracias a Jorge Álvarez por su compañía, su sentido del humor y los innumerables paseos alrededor del embalse. A Adam Morgan por permitirme y animarme a utilizar sus ideas. A Majken Askeland, Marius Filtvedt y «New Excuse» por una inolvidable aventura en los fiordos. A Tracey Camilleri por animarme y por dejar en mis manos, sin dudarlo, el Oxford Strategic Leadership Programme. A Lynette Wood, por su entusiasmo hacia el final del proceso, cuando hubiera sido fácil dudar. A mi hijo Mateo por ayudarme a pensar sobre cómo hacer mis ideas más visuales.

Para cada libro elijo una música con la que escribir, que se convierte así en parte del proceso, casi parte del libro. Para este elegí a Nils Frahm, quien, sin saberlo, ha pasado incontables horas este año conmigo. Me interesó mucho saber que, de modo similar a Stefan Sagmeister, Frahm se tomó libre todo el 2017 para prepararse creativamente para su nuevo trabajo. Él es, creo, un maestro de la postergación. Como dice uno de sus fans: «Acabo de pasar seis minutos escuchando a Nils Frahm y esperando una progresión armónica… pero, chico, ha merecido la pena». Así que enormes gracias a él (y a mi hijo Bruno que me lo recomendó).

Escribir es la excusa perfecta para leer mucho, lo cual es un inmenso placer. De todo lo que leí, destacan tres libros. *El orden del tiempo*, de Carlo Rovelli, es una joya que apareció de manera muy conveniente justo en el momento correcto. *The Secret Pulse of Time*, de Stefan Klein, me mostró que mis ideas no eran auténticas locuras. *The Clock of the Long Now*, de Stewart Brand —el capítulo sobre las capas de ritmo en particular—, está tan integrado en mi manera de pensar que apenas me doy cuenta, pero le debo mucho. A la gente de

Arenas de San Pedro, mis humildes gracias por recibirnos tan generosamente hace casi veinte años y por enseñarnos lo bonito que puede ser vivir a otro ritmo. Y al lugar en sí mismo, por las montañas, los bosques y los arroyos que se han convertido en mi hogar.

Finalmente, a mi familia. A mis hijos Bruno, Mateo y Pablo por interesarse (sorprendentemente) en lo que estaba haciendo, y a mi maravillosa mujer Beatriz por la valentía, la paciencia y el esfuerzo que han hecho posible la vida que tenemos juntos. Gracias también por dejar que me apropiara de la mesa grande junto a la ventana tanto tiempo. Ya la puedes volver a usar.

Índice analítico

acción, actividad 65-68
año sabático 91, 92, 99
Arenas de San Pedro, España 81, 83, 86, 133, 135, 139

Blake, William 88
«bolsa de tiempo» 75
Boorman, John 37
Brand, Stewart 102, 133, 138
Brown, Edward Espe 36, 137
Burning Man Festival 70, 87, 88
burnout 17, 114

Cage, John 29
calendario/diario 100-102
Cameron, Julia 54
Camilleri, Tracey 38, 63, 128, 138
caminar 11, 47-49, 94, 133
"capacidad negativa" 38
capas de ritmo personal 102, 103, 138
Carabi, Alex 127, 137
Chatfield, Tom 45, 133, 137
Claxton, Guy 115, 118
conectividad 72
«continua atención parcial» 13
contar 50, 54, 99, 118
corazonadas lentas 30
creatividad 26, 30, 48, 54, 91
culturas 85, 87, 93, 95

Darwin, Charles 129
Dida, Vincent 33
"divagaciones programadas" 68
Do Lectures 76, 135
Dove, Gil 52
dibujar 55-56
Dweck, Carol 115

Einstein, Albert 64, 121
equilibrio entre vida y trabajo 15
escanear, el tiempo 103
escribir 54, 55, 64, 129

espacio, crear 73-74
Evans, Dr Mike 94
«Experiencia de Tapas Creativas» 68

Foster, Jack: Cómo generar ideas 30
Franklin, Benjamin 114
Freud, Sigmund 115
Friedman, Tom 19

Gates, Bill 63, 67, 72, 76, 93
Gibson, William 83
Goethe, Johann Wolfgang von 14
Goldin, Professor Ian 19
Griffiths, Jay 133
Gros, Frédéric 48, 133

hablar en público 47
Hancock, Phyllida 29, 33, 137
Hazlitt, William 100
Hirsch, Gary 28, 137
Hiscocks, Tom 27, 137
Hockaday, Tom 52-53
Honoré, Carl 18, 133

«Innocent Unplugged» 72
Iyer, Pico 12, 85, 133

James, William 66
Johnson, Steven: Las buenas ideas: una historia natural de la innovación 30
Johnson, Lynda 55
Jung, Carl 120

Kahneman, Daniel 115, 116, 118
Kanahuati, Jorge 45
Keating, David 28, 44, 137
Keats, John 38
Klein, Dan 46
Klein, Stefan 121, 133, 138

Lebus, Rachel 29
lista de control de seguridad quirúrgica 50
Lubbock, Sir John 129

lugar, la fuerza del 70
llevar un diario 54-55

Mackenzie, Andrew 37
mantras 53
McGilchrist, Iain 115-116
McIntosh, Iain 92, 137
McKeown, Les: Do Lead 35, 137
McLean, Angela 48
meditación 29, 43, 49, 54
mente, distintas capacidades 115-120
Microsoft 63
Mirbeau, Octave 14
Moore, Johnnie 36, 68, 118, 137
movimiento slow 13, 133

nombrar:
    a las cosas para que existan
    56, 57
    tu pausa 93
NASA Ames Research Center,
    Mountain View, California 85
Nietzsche, Friedrich 14, 48

objetivos (metas) 69, 70
ocupado, estar 12, 45, 46, 66
Organización Mundial de la Salud 50
Oxford 70, 71
Oxford (Universidad) 19, 38, 48, 52,
    61-63, 67-68, 106, 128, 135, 138

«páginas matutinas» 54
Palmer, Amanda 101
patrón de pausas 75
pausa anual 91
perros 94
Petrie, Dan 37

Quinn, Antony 36, 137

Randhawa, Dr Neil 48, 137
respiración 46
Retiros de lectura 135
Rimbaud, Arthur 48

Robben Island 33
Rollins, Henry 101
Rovelli, Carlo
    El orden del tiempo 122, 128, 133,
    138
rutina diaria 51

sabbat 89, 91
Sagmeister, Stefan 91-92, 138
Sandberg, Thomas 35, 137
Scorah, Kay 29, 137
Seidman, Dov 29
«Semana para pensar» 63, 67, 93
silencio, el poder del 32-33
Simonsen, Helene 16, 137
Singularity University 85, 135
sobremesa 90-91, 93
Sloan, Alfred 35, 36
Slow Food Society 13
Spence, Charles 14
Stokes, Jon 45, 47, 137
Strategic Leadership Programme,
    Oxford University Saïd Business
    School 61, 135, 138

Take Five 52, 93
tecnología 12-13, 15, 45, 63, 84-86,
    90, 115-116
timing 33
trabajo, constante 13
Truss, Lynne 34

«Unhurried Conversations» 36, 68
    118, 133

Waters, Roger 114
Whyte, David 33, 47
Wise, Justin 47, 101, 137

Young, James Webb: *Técnica para
    producir ideas* 30

Zen 36, 38, 49
Zidane, Zinedine 56

Libros en esta colección

Pausa
Robert Poynton

Storytelling
Bobette Buster

Próximamente en esta colección

Diseña
Alan Moore

Respira
Michael Townsend Williams